"十三五"普通高等教育系列教材

（第三版）

图学基础教程习题集

主　编　袁　威
副主编　郑太雄　罗　蓉
参　编　邱宝梅　赵　双　张开碧　曾黔蜀　张　毅　沈光先　马冬梅

中国电力出版社
CHINA ELECTRIC POWER PRESS

U0643148

内 容 提 要

本书为《"十三五"普通高等教育系列教材　图学基础教程（第三版）》配套习题集。全书根据"工程图学基础"课程的教学特点和非机类、非土类专业少学时的教学计划需要编写。本次修订在第二版的基础上对全书做了调整和修改，内容新颖、形式多样、题目精炼、重点突出，内容更全面、更系统。

本习题集可作为少学时非机类、非土类专业的教材，也可供相关人员参考。

图书在版编目（CIP）数据

图学基础教程习题集/袁威主编. —3 版. —北京：中国电力出版社，2020.6（2023.3 重印）

"十三五"普通高等教育规划教材

ISBN 978 - 7 - 5198 - 4605 - 3

Ⅰ.①图…　Ⅱ.①袁…　Ⅲ.①工程制图—高等学校—习题集　Ⅳ.①TB23—44

中国版本图书馆 CIP 数据核字（2020）第 071889 号

出版发行：中国电力出版社		印　　刷：三河市航远印刷有限公司	
地　　址：北京市东城区北京站西街 19 号		版　　次：2007 年 7 月第一版　2020 年 6 月第三版	
邮政编码：100005		印　　次：2023 年 3 月北京第十六次印刷	
网　　址：http：//www. cepp. sgcc. com. cn		开　　本：787 毫米×1092 毫米 16 开本	
责任编辑：霍文婵（010—63412545）		印　　张：10.25	
责任校对：王小鹏		字　　数：129 千字	
装帧设计：王红柳		定　　价：35.00 元	
责任印制：吴　迪			

前　言

　　本习题集依据教育部高等工科制图课程教学指导委员会所制定的"工程制图基础课程教学基本要求"及最新国家制图标准，结合非机、非土类专业的特点，在 2007 年、2012 年前两版的基础上修订而成。本习题集修订后的主要特色有：

　　（1）在习题集内容体系的安排方面，与《图学基础教程（第三版）》保持一致，使教与学相互配合与统一，使学与练互相促进与提升。

　　（2）在题型的编排方面，内容新颖、形式多样、题目精炼、重点突出，体现对学生开拓创新意识、空间想象能力及空间思维能力的培养，将共性培养与个性发展相结合，基本知识、基本技能培养与应用提高相结合，以达到本学科的教育、教学目的。

　　（3）"计算机绘图"一章的习题，以基本操作、绘图方法与技巧、应用为主线进行编排，内容由浅入深，使学习过程一步一个台阶。

　　本习题集由重庆邮电大学先进制造工程学院的袁威主编，郑太雄、罗蓉为副主编，参编人员有：邱宝梅、赵双、张开碧、曾黔蜀、张毅、沈光先、马冬梅。

　　在本习题集的编写过程中，参考了部分教材、资料、习题集等文献，在此谨向这些文献的原作者致谢！

　　限于编者水平，习题集中若有疏漏之处，恳请广大读者给予批评指正。

编　者
2020 年 4 月

目　录

1 投影与制图基本知识

1. 已知点 A（10，20，20），点 B（20，15，15），作点 A、B 的三面投影图。

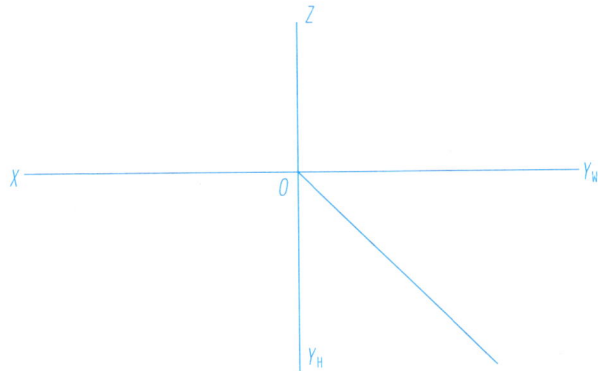

2. 已知点 A、B、C、D 的两面投影，作第三面投影。

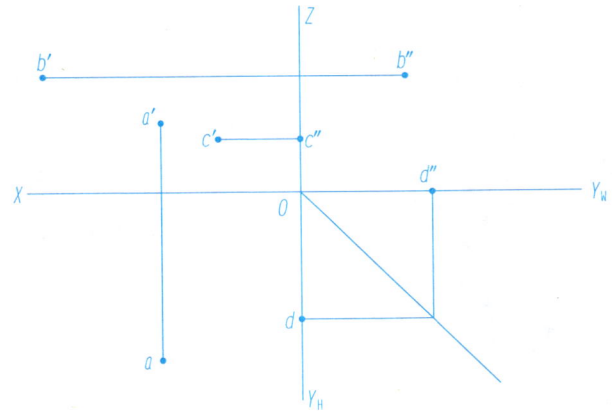

3. 指出各点的空间位置（包括空间、H 面、V 面、W 面或某轴上）。

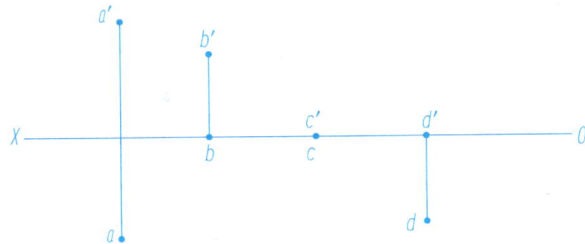

A 点在_____　B 点在_____

C 点在_____　D 点在_____

4. 根据点的已知投影，在不添加坐标轴的前提下，作点 B 的水平投影和点 C 的侧面投影。

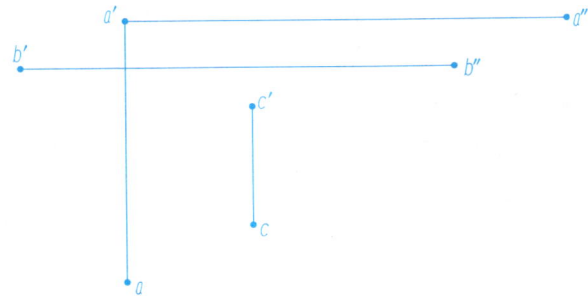

1. 作各点的第三面投影，并判断其相对位置。

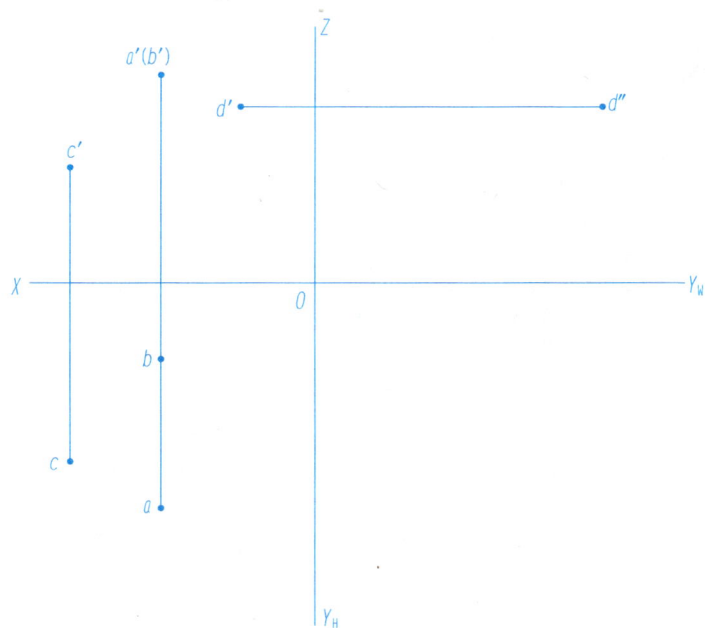

点 A 在点 B 的正_____方；

点 C 在点 D 的_____（上、下）方，_____（左、右）方，

_____（前、后）方。

2. 已知点 A 的正面投影，且点 A 距 V 面 30mm；点 B 在点 A 正后方 15mm；点 C 在点 A 前 10mm、上 15mm、左 20mm，作点 A、B、C 的三面投影。

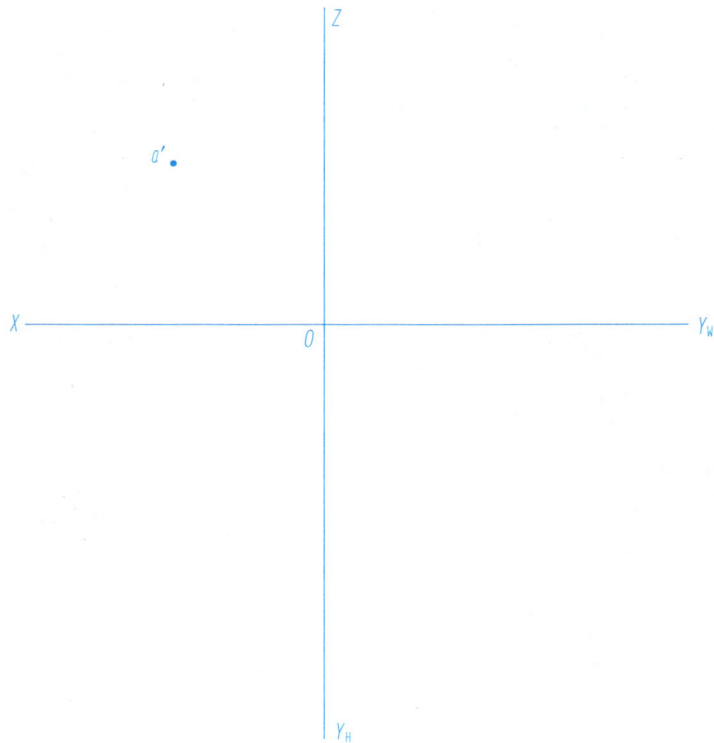

1-3 直线的投影（一）	班级		学号		姓名		3

作直线的第三面投影，并判断其与投影面的位置关系。

1.

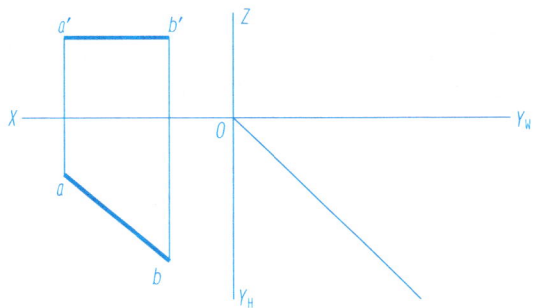

AB 为_____线

2.

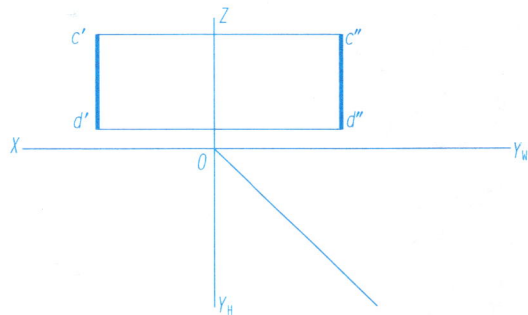

CD 为_____线

3.

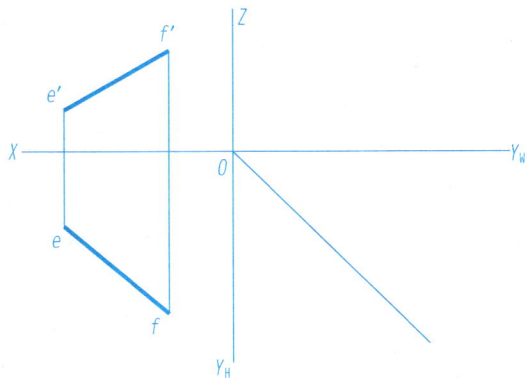

EF 为_____线

4.

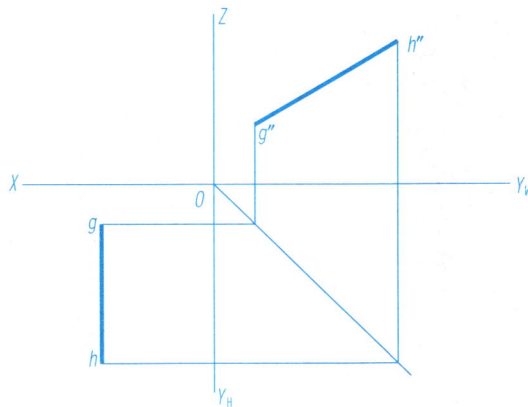

GH 为_____线

| 1—4 直线的投影（二） | 班级 | 学号 | 姓名 | 4 |

1. 作直线 AB 的第三面投影，并作其上点 C 的其余两面投影。

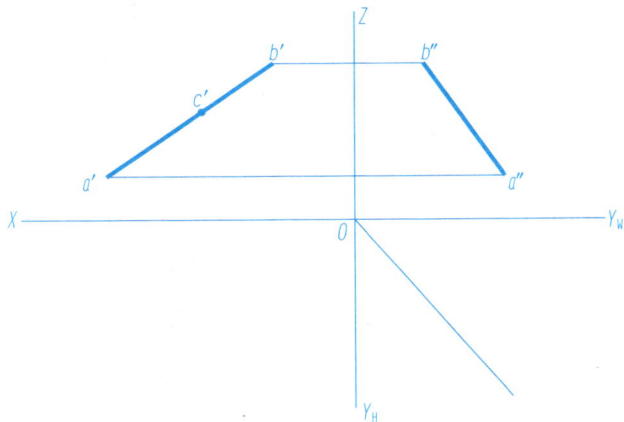

2. 在直线 AB 上取一点 P，使点 P 与 H 面的距离为 10mm，完成直线 AB 和点 P 的三面投影。

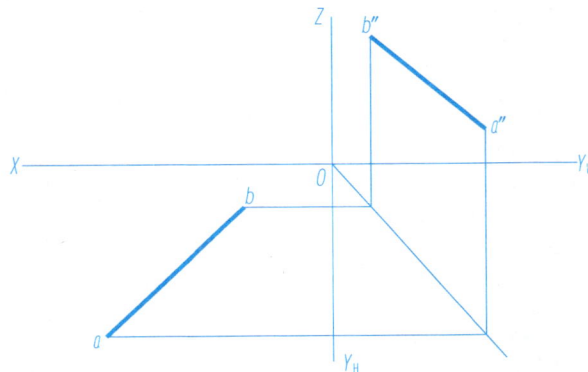

3. 在直线 AB 上取点 P，使 AP : PB = 2 : 3。

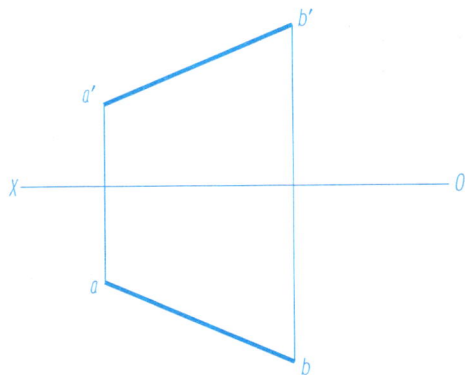

4. 在直线 AB 上取点 P，使点 P 的 $X_P = Z_P$，完成其三面投影。

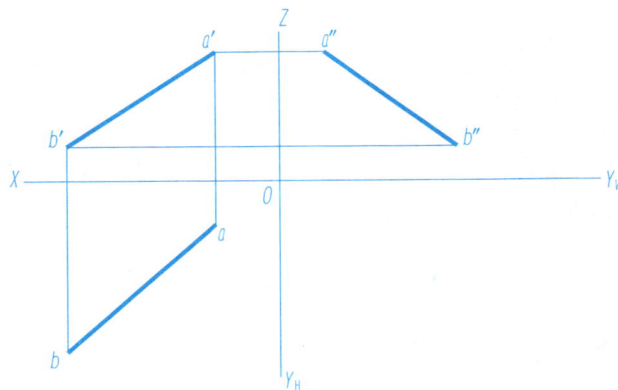

1. 判断直线 *AB* 和 *CD* 的相对位置关系（平行、相交或交叉）。

(1)

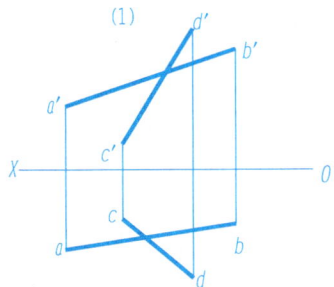

AB 与 *CD* _____

(2)

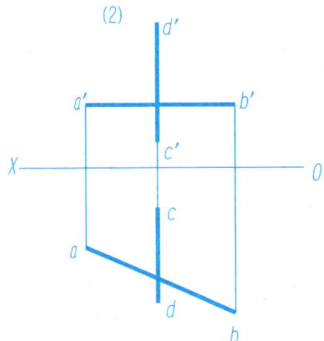

AB 与 *CD* _____

(3)

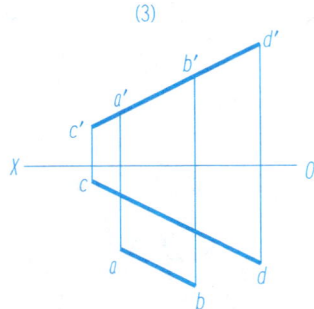

AB 与 *CD* _____

(4)

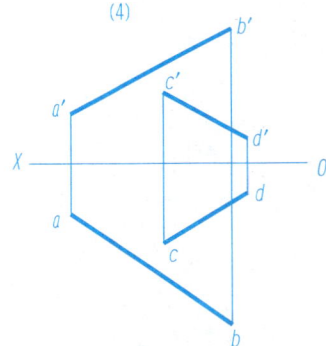

AB 与 *CD* _____

2. 作直线 *MN*，使其与 *AB* 平行，与 *CD*、*EF* 相交。

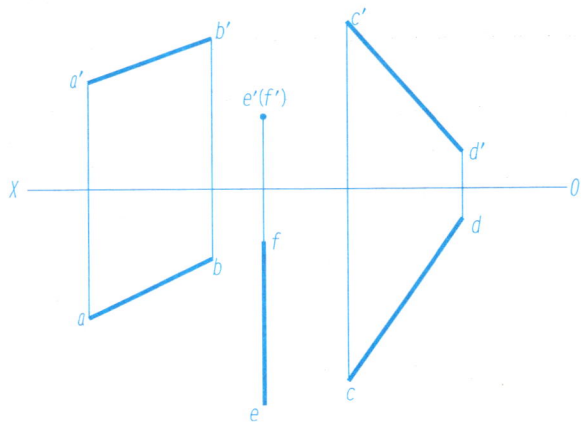

3. 过点 *K* 作一水平线 *KL* 与直线 *AB* 相交。

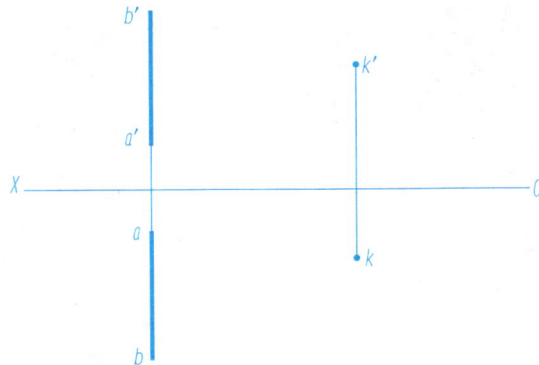

作平面 ABC 的第三面投影，并判断其与投影面的位置关系。

1.

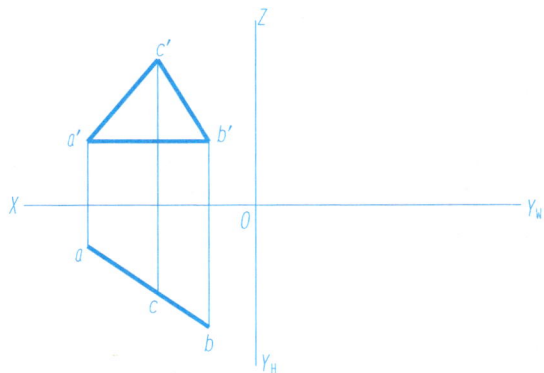

平面 ABC 是＿＿＿＿面

2.

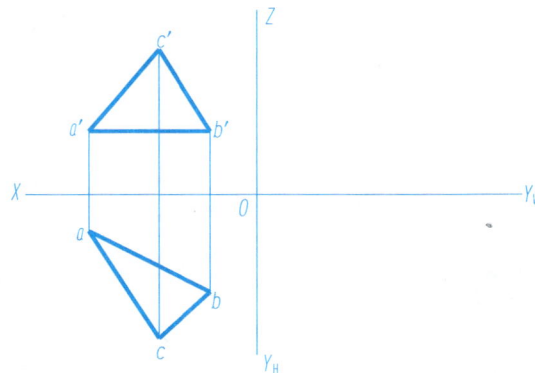

平面 ABC 是＿＿＿＿面

3.

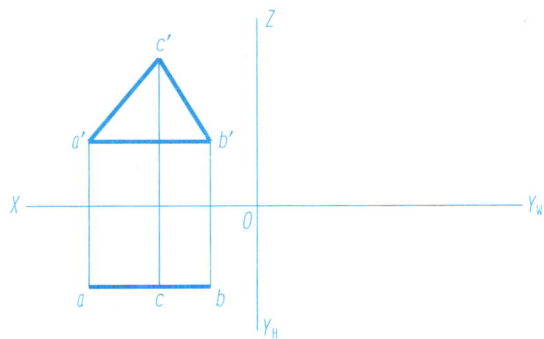

平面 ABC 是＿＿＿＿面

4.

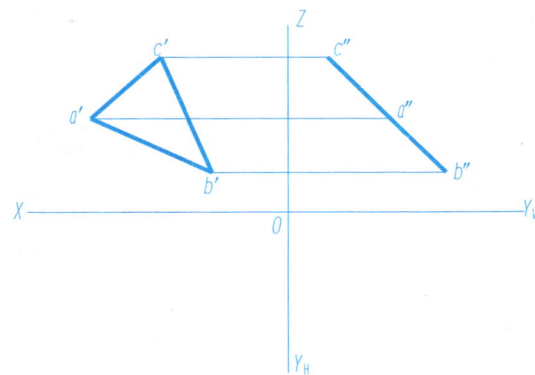

平面 ABC 是＿＿＿＿面

1. 完成平面 ABC 及其上点 K 的三面投影。

(1)

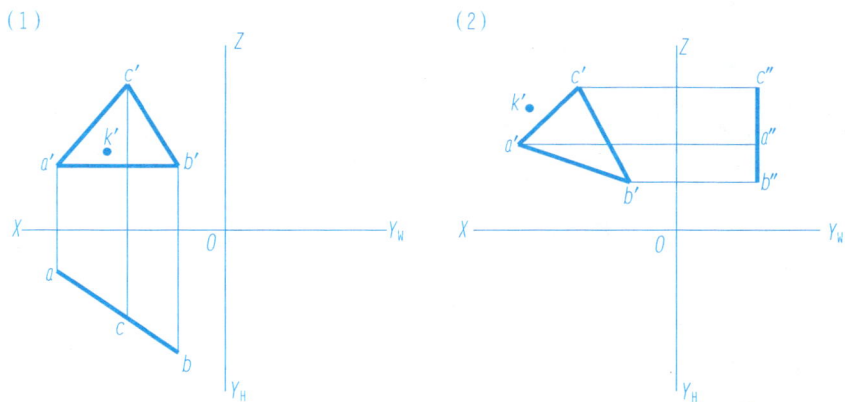

(2)

2. 完成平面图形 ABCDE 的正面投影。

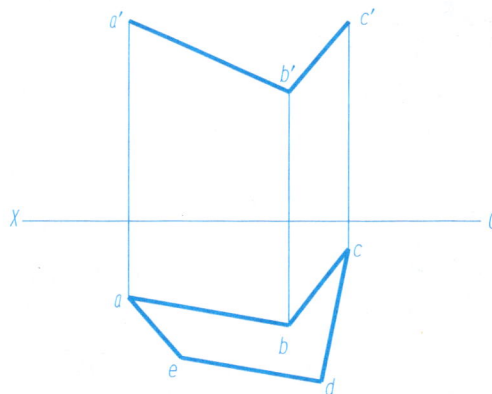

3. 判断点 M、N 及直线 BD 是否在△ABC 确定的平面内。

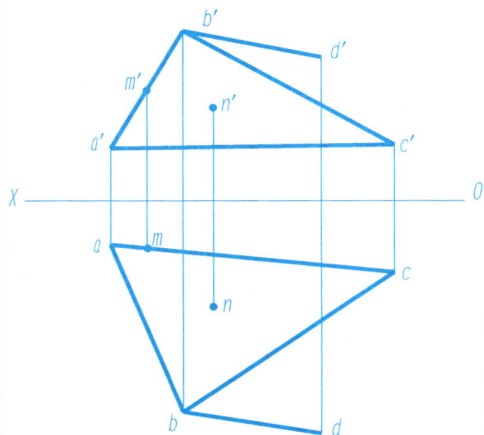

点 M _____ 平面 ABC 内，

点 N _____ 平面 ABC 内，

直线 BD _____ 平面 ABC 内。

4. 完成平面图形的水平投影。

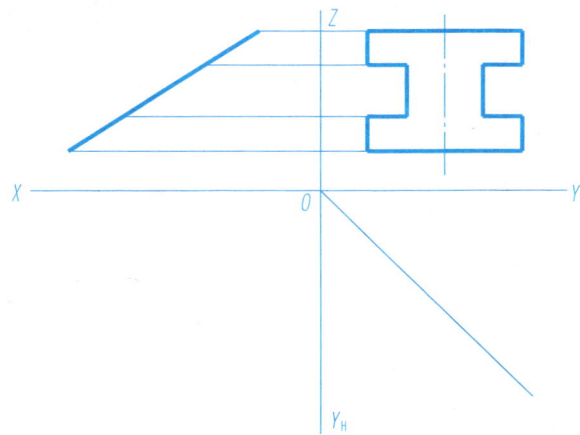

1. 完成平面图形 ABCDEF 的正面投影。

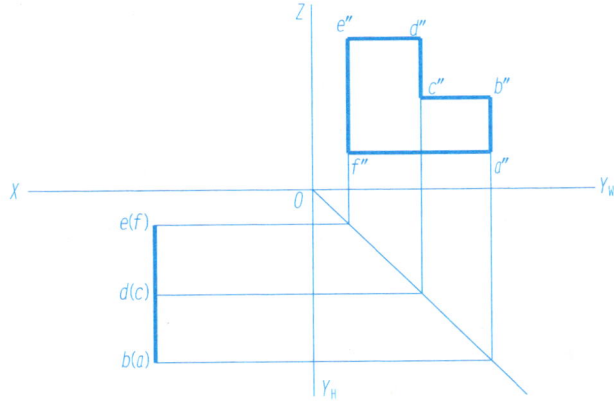

2. 已知平面 ABC 的边 AB∥H 面，完成平面 ABC 的正面投影。

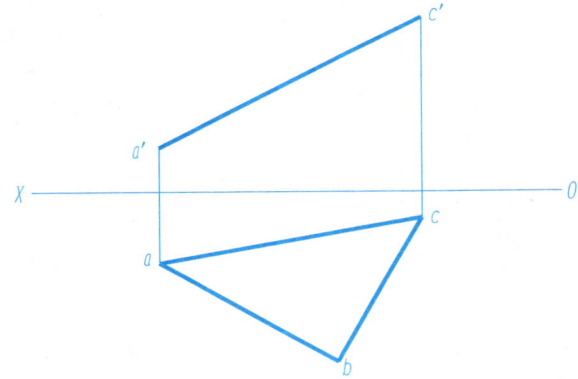

3. 作平面 ABC 内的 △DEF 的正面投影。

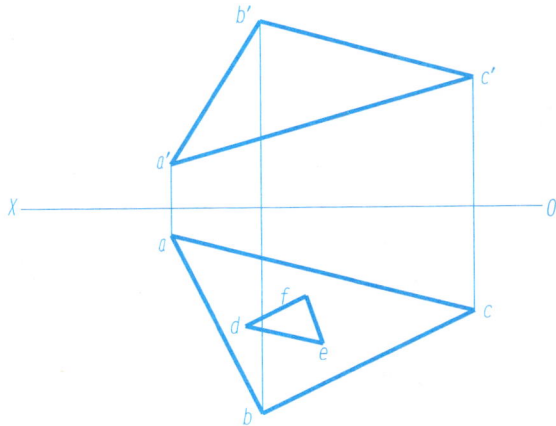

4. 完成平面图形 ABCD 的正面投影及其上线段 EF、EG 的其余两面投影。

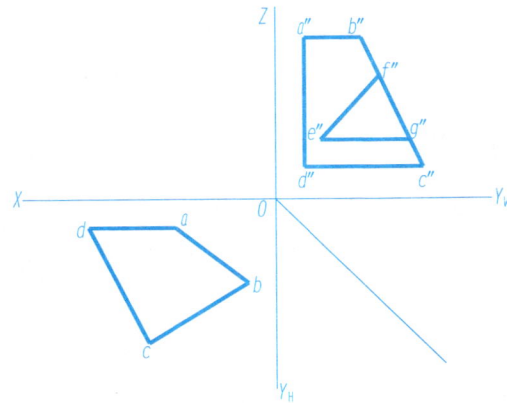

1. 过等分点抄画图线。

2. 在指定位置抄画图形。

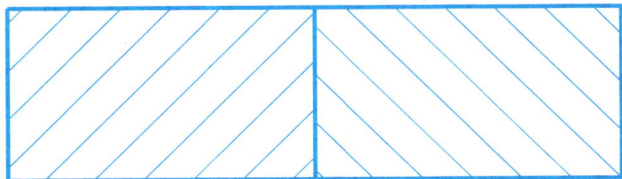

3. 在指定位置抄画图形。

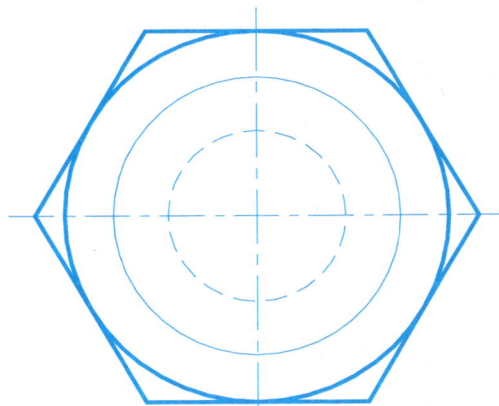

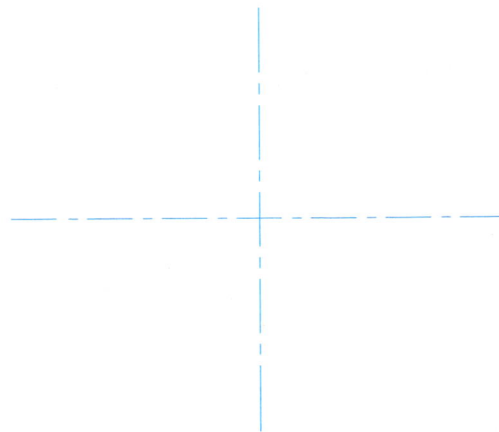

1. 在指定位置绘制图形。

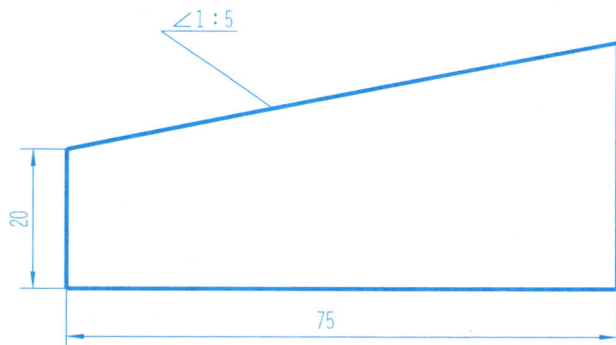

∠1:5

20

75

2. 在指定位置绘制图形。

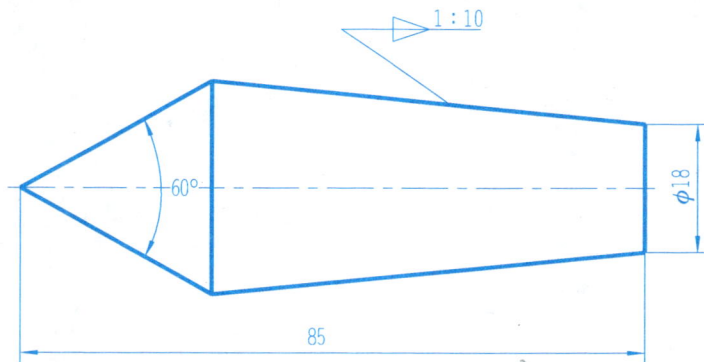

1:10

60°

φ18

85

在指定位置按 1：1 绘制图形并标注尺寸。

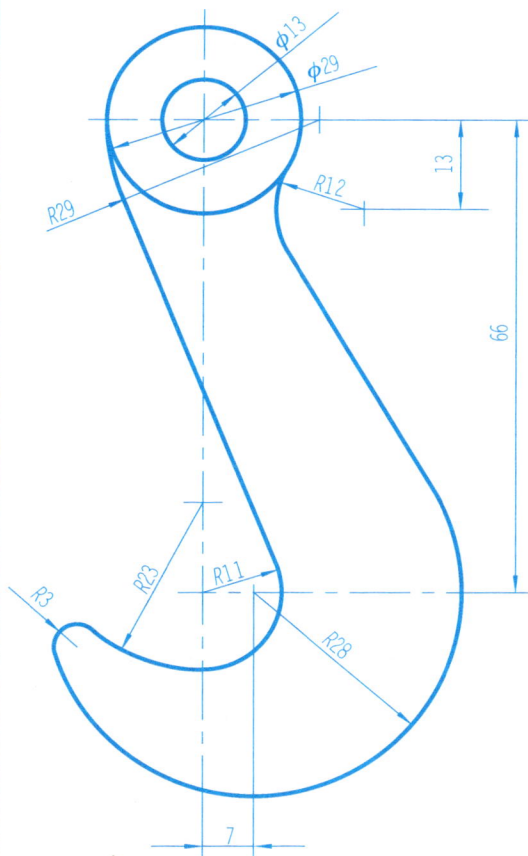

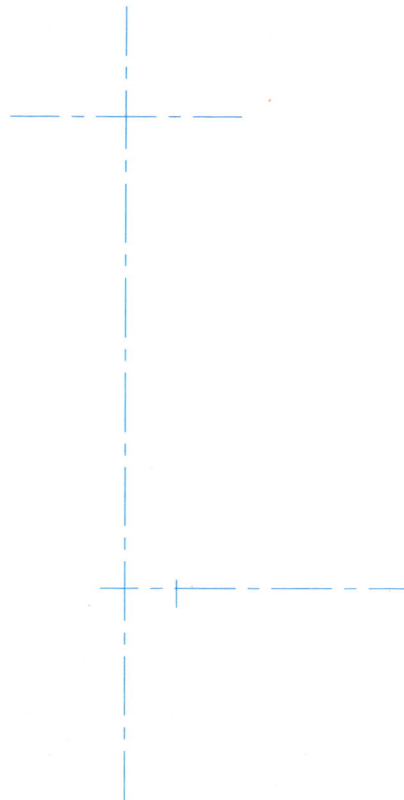

1—12 几何作图	班级		学号		姓名		12

在 A4 图纸上按 1∶1 绘制图形并标注尺寸。其中图形名称：几何作图；图形代号：01.01。

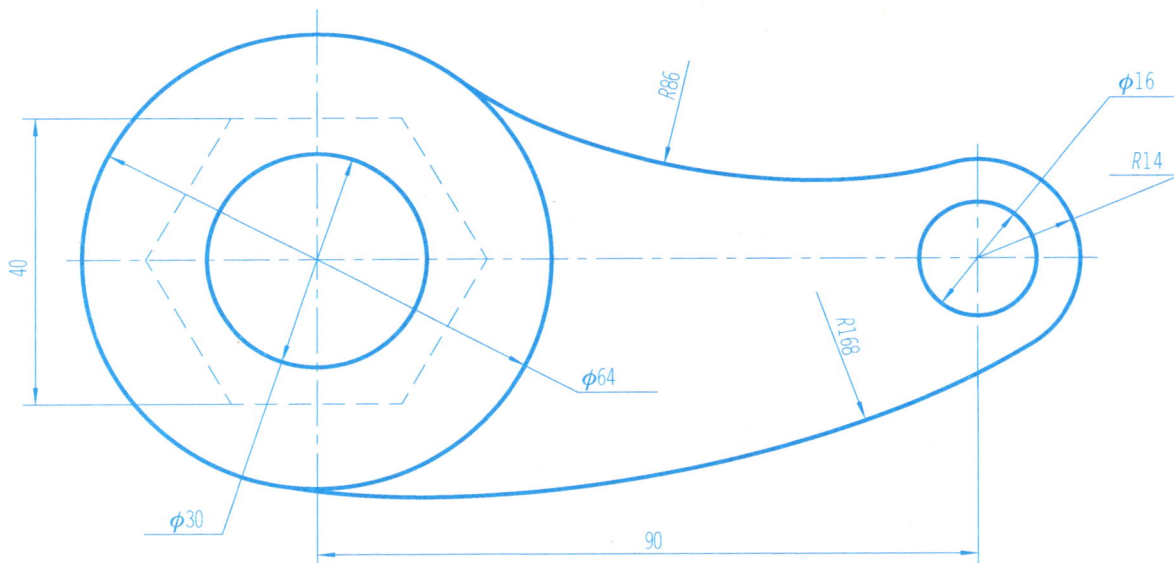

绘图的基本要求：

(1) 图幅及格式应符合国家标准规定。

(2) 布局合理，图面整洁、美观；标题栏采用教材推荐的练习用标题栏，并注写正确、完整。

(3) 线型：粗实线宽度为 0.7mm，虚线及细线宽度均为粗实线的 1/2，即 0.35mm；且粗细均匀。

(4) 汉字、字母、数字应按照国家标准的规定进行书写。

(5) 箭头：宽约 0.7mm，长约 5mm。

(6) 图形正确，连接光滑，尺寸标注正确。

1—13 平面图形的尺寸标注	班级		学号		姓名		13

标注各平面图形的尺寸，尺寸按1：1从图中量取整数。

1.

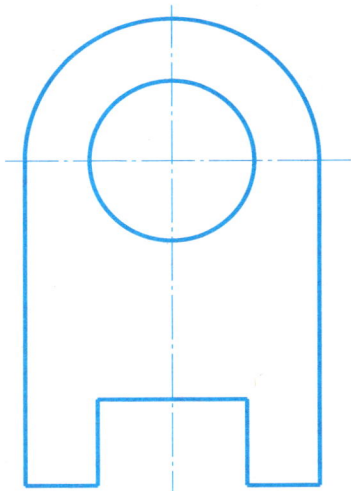

2.

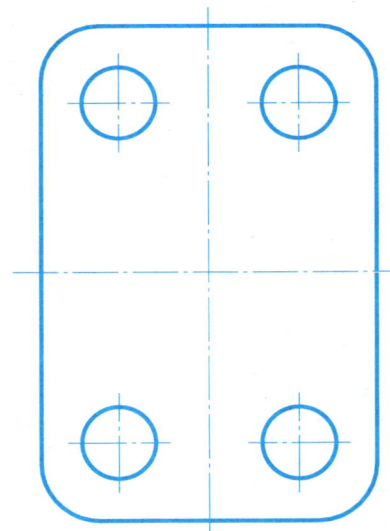

2 基本立体三视图

2-1　棱柱体三视图	班级		学号		姓名		14

1. 作俯视图。

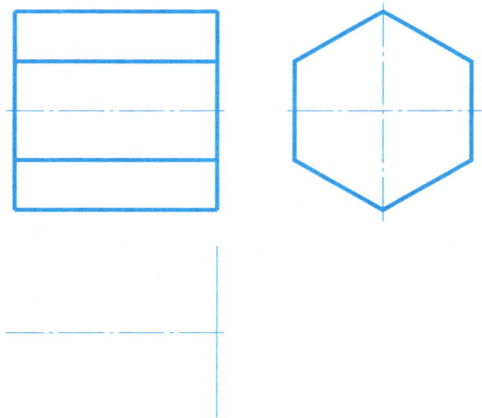

2. 作俯视图。

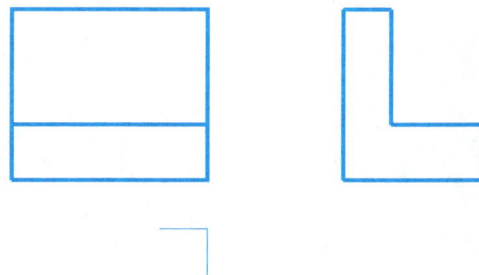

3. 作主视图。

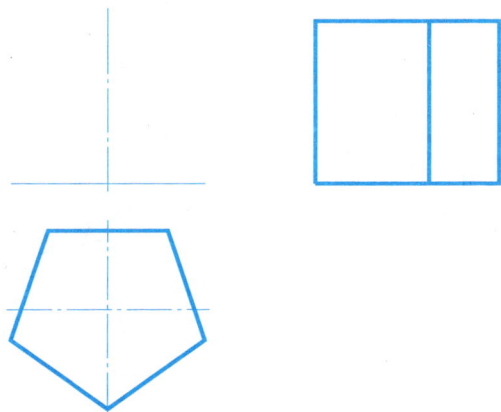

4. 作左视图。

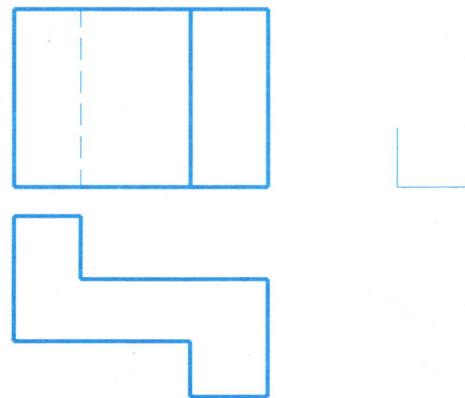

1. 作俯视图与立体表面各点的其余两面投影。

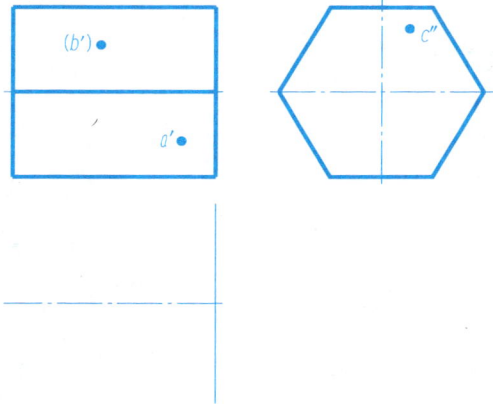

2. 作立体表面各点的其余两面投影。

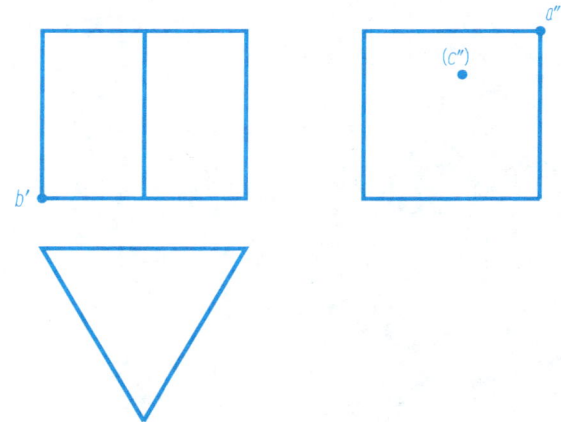

3. 作左视图与立体表面线段 AB、BC 的其余两面投影。

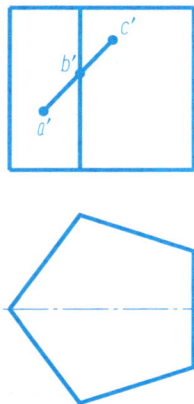

4. 作立体表面各点的其余两面投影。

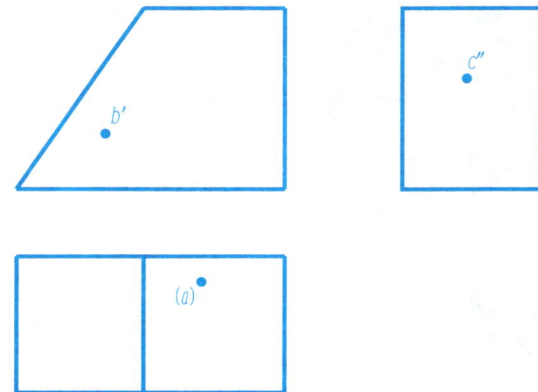

1. 作左视图与立体表面各点的其余两面投影。

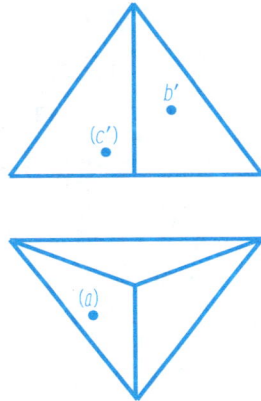

2. 作俯视图与立体表面各点的其余两面投影。

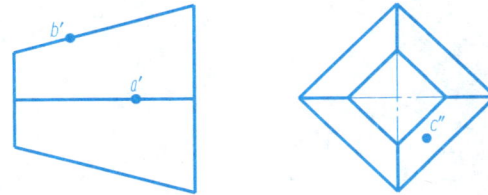

3. 作立体表面线段 *AB*、*BC* 的其余两面投影。

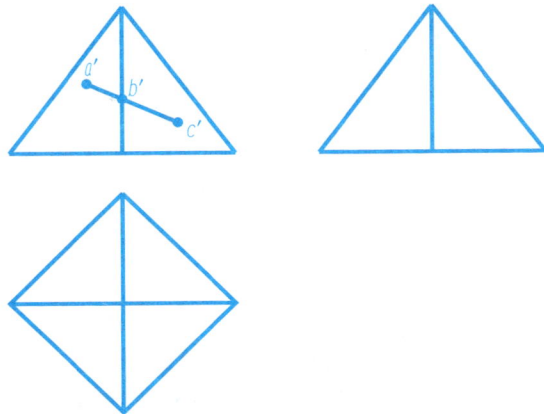

4. 作俯视图与立体表面线段 *AB*、*AC* 的其余两面投影。

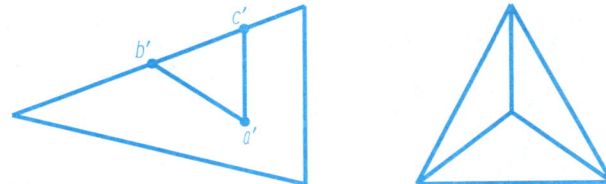

1. 作俯视图与立体表面各点的其余两面投影。

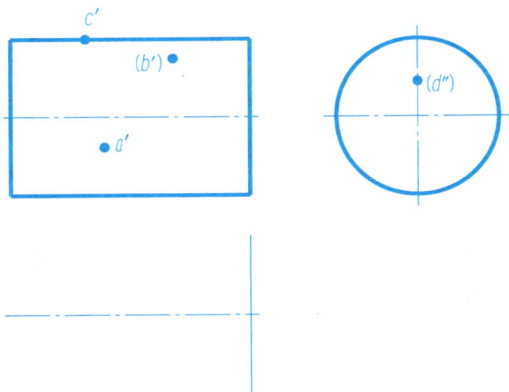

2. 作左视图。

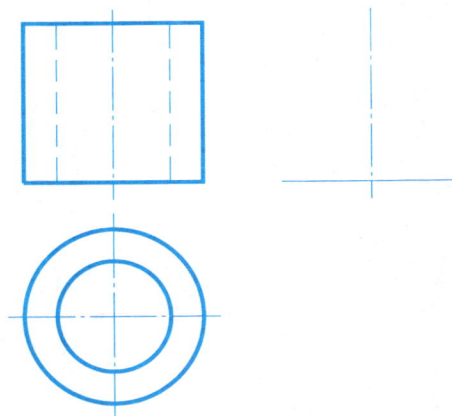

3. 作俯视图。

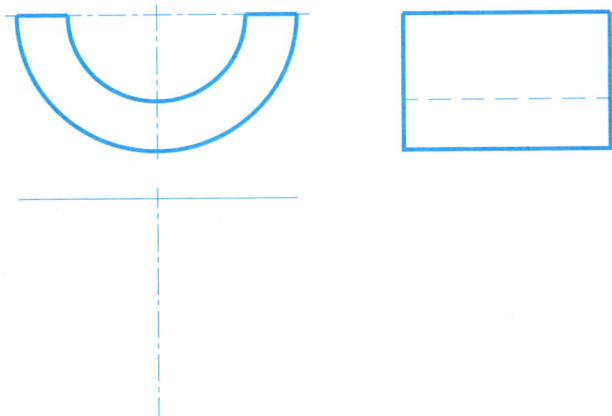

4. 作俯视图与立体表面线 *AB* 的其余两面投影。

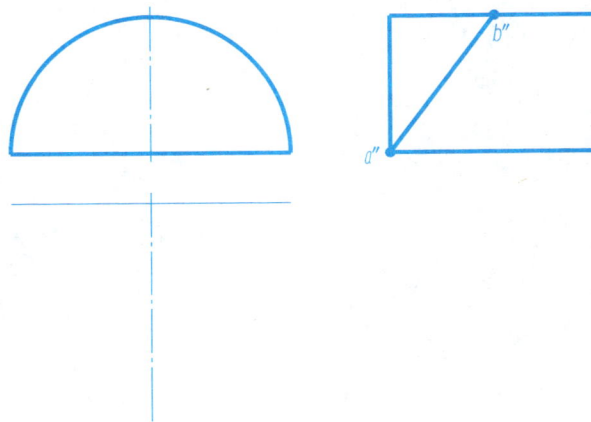

1. 作俯视图与立体表面各点的其余两面投影。

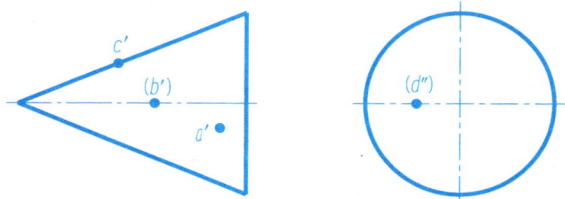

2. 作左视图。

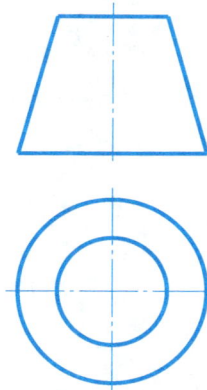

3. 作左视图与立体表面线 SA、AB 的其余两面投影。

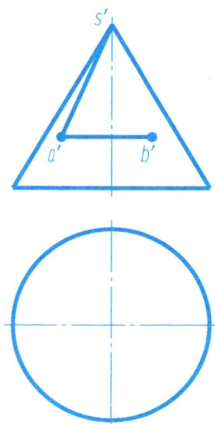

4. 作主视图与立体表面各点的其余两面投影。

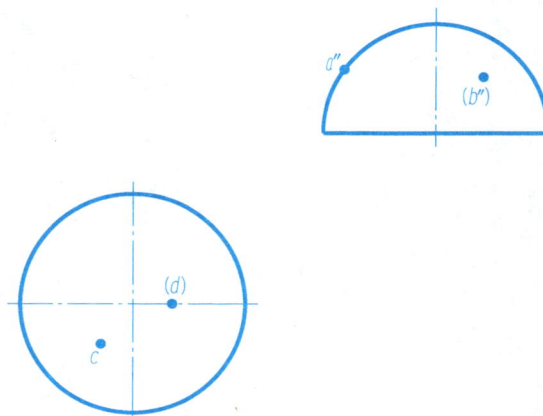

3 立体的表面交线

3—1 棱柱截交线	班级	学号	姓名	19

1. 补画俯视图。

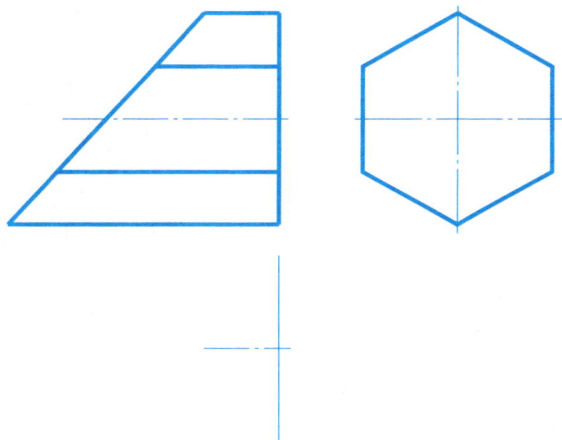

2. 补画主视图。

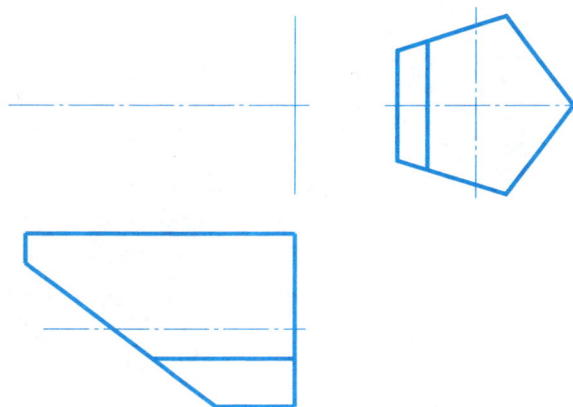

3. 补画俯视图。

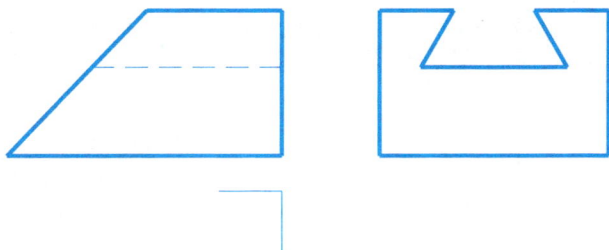

4. 补画俯视图。

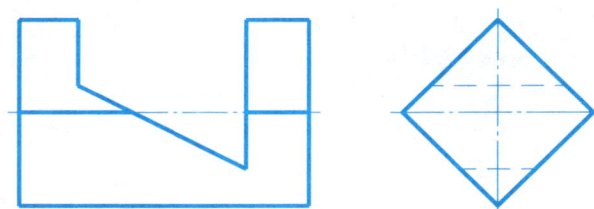

2. 补画主视图。

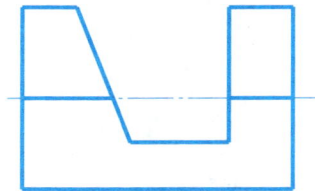

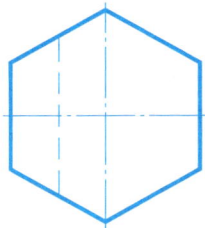

4. 补画左视图。

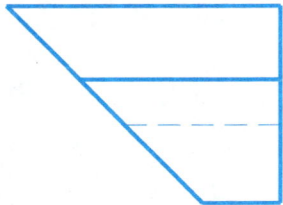
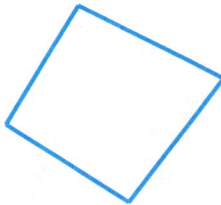

1. 补画左视图。

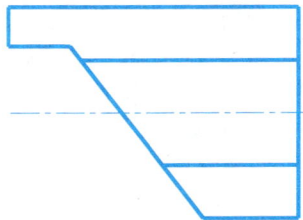
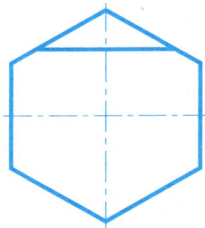

3. 补画左视图。

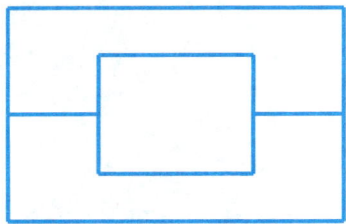
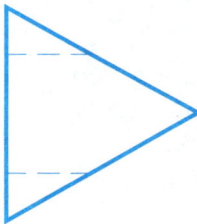

1. 完成俯、左视图。

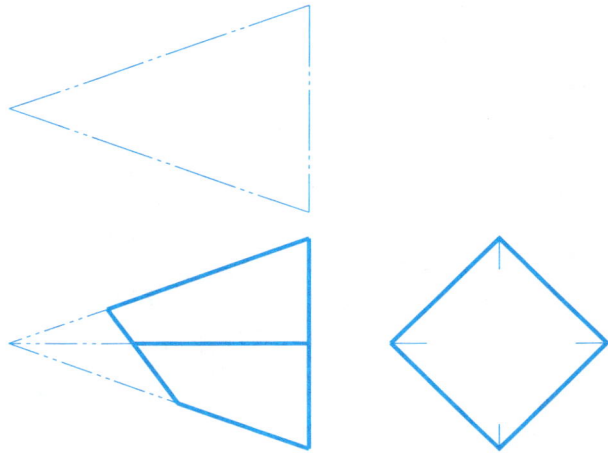

2. 完成俯、左视图。

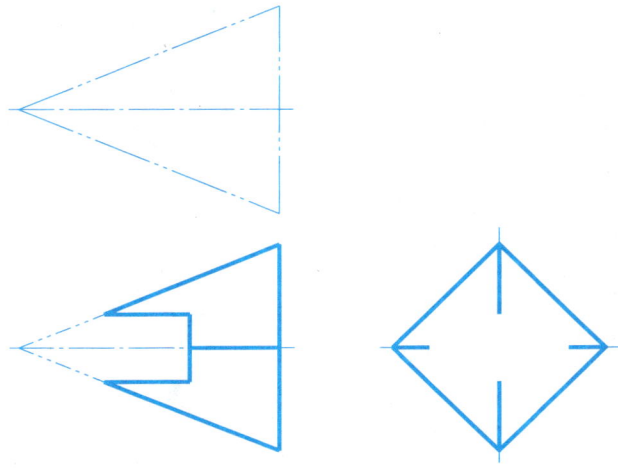

3. 补画左视图。

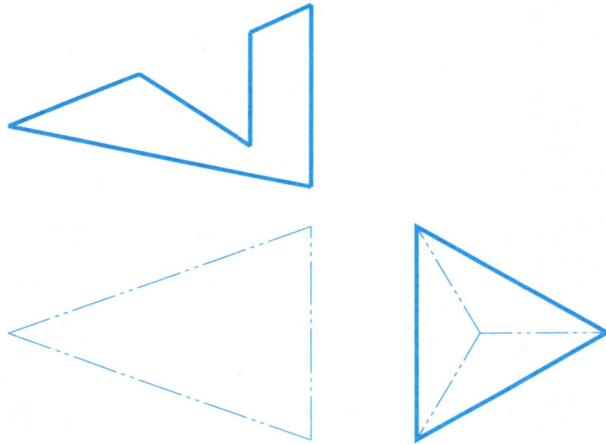

4. 完成主、俯视图。

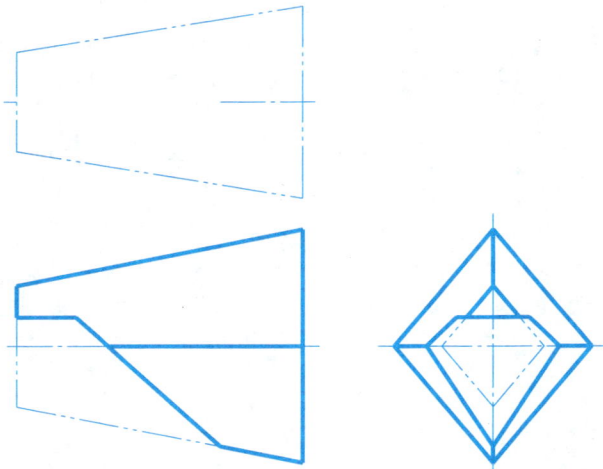

1. 补画被截切圆柱体的左视图。

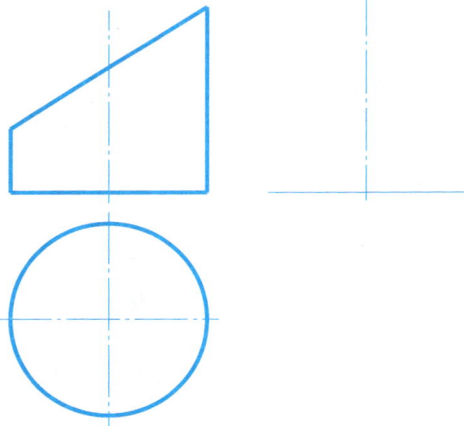

2. 完成被截切圆柱体的俯、左视图。

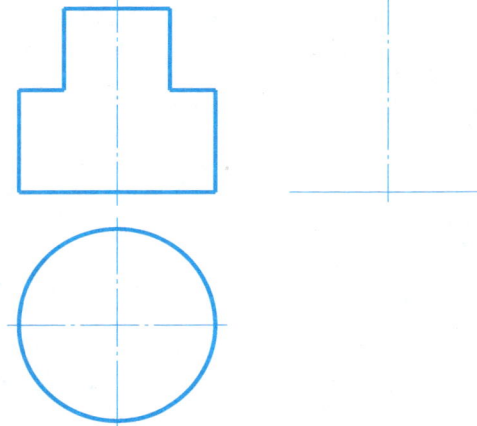

3. 补画被穿孔圆柱体的俯视图。

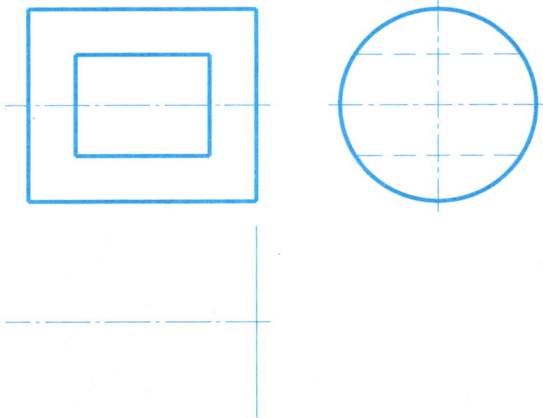

4. 补画被穿孔圆柱体的左视图。

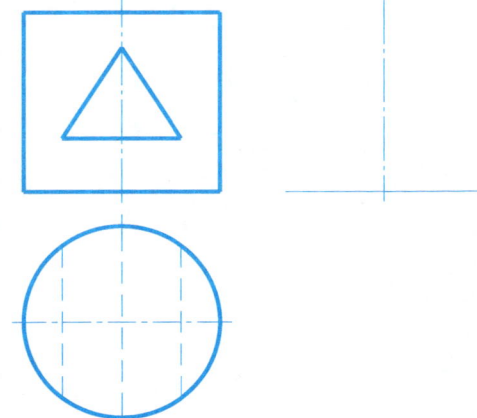

1. 补画俯视图。

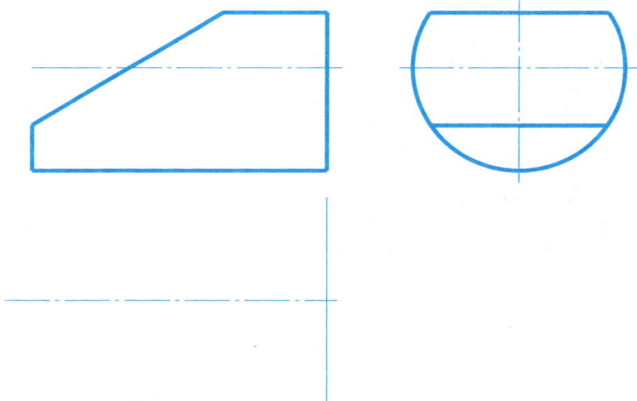

2. 补画俯视图。

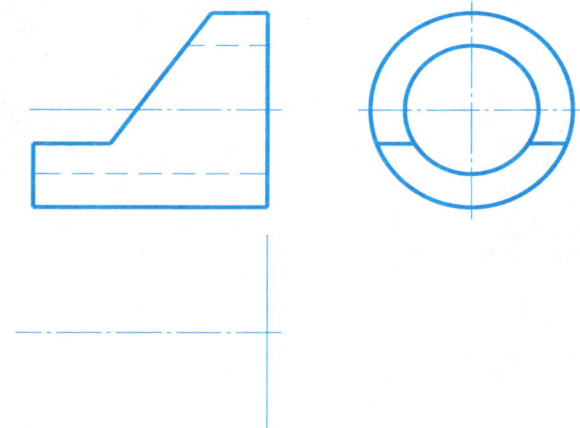

3. 完成俯、左视图。

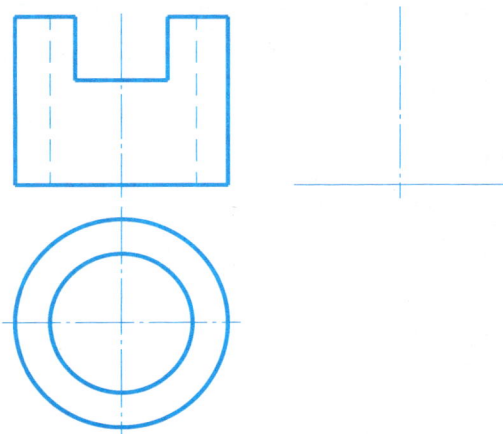

4. 补画主视图。

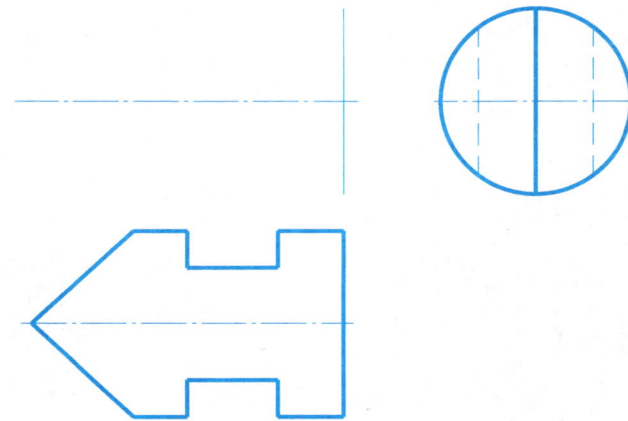

1. 完成被截切圆锥体的俯、左视图。

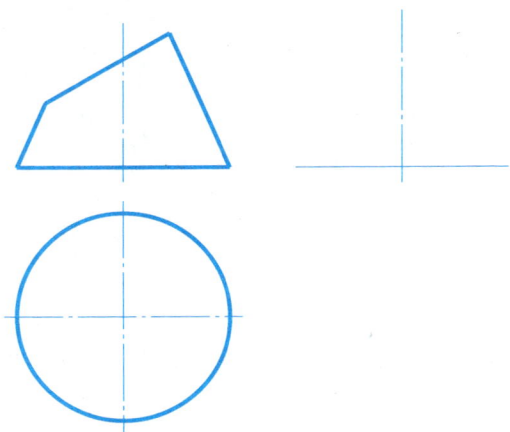

2. 完成被截切圆锥体的俯、左视图。

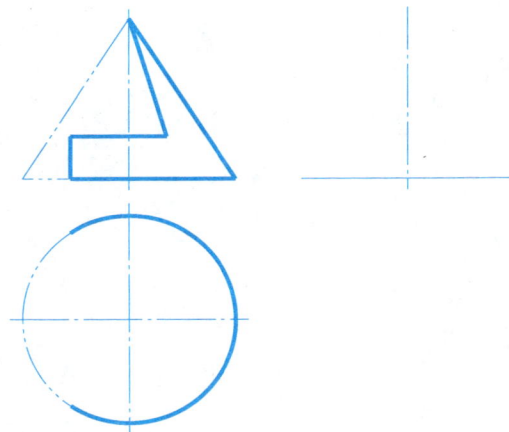

3. 完成被截切半球的俯、左视图。

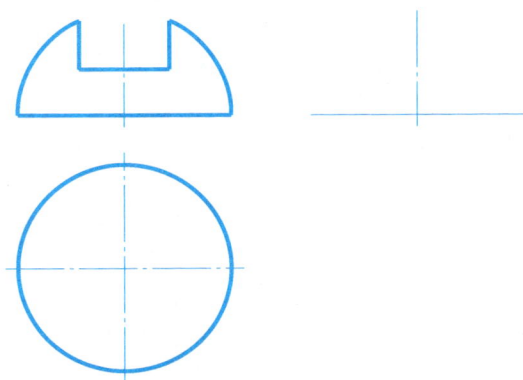

4. 完成被截切半球的俯、左视图。

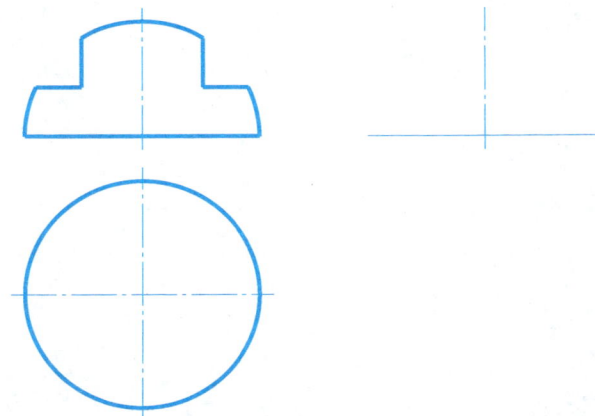

| 3-7 组合截交线 | 班级 | 学号 | 姓名 | 25 |

1. 补画俯视图。

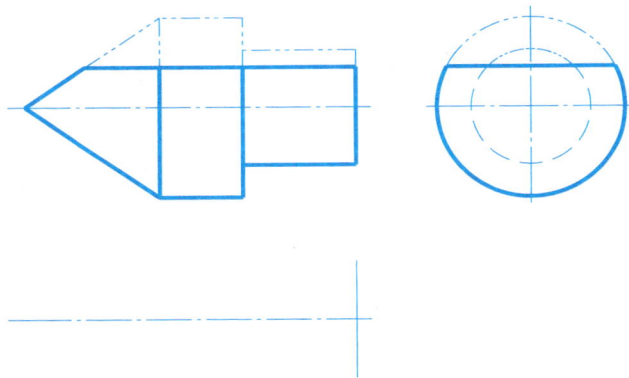

2. 完成俯、左视图。

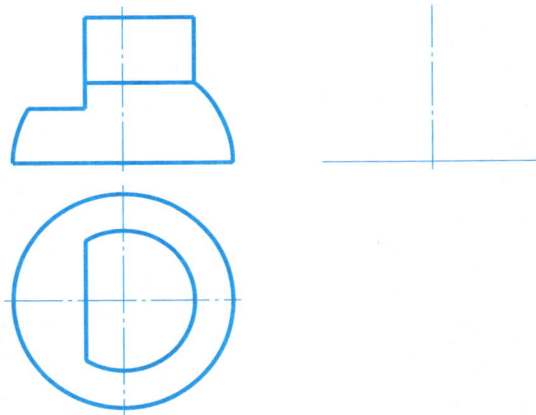

3. 完成俯视图。

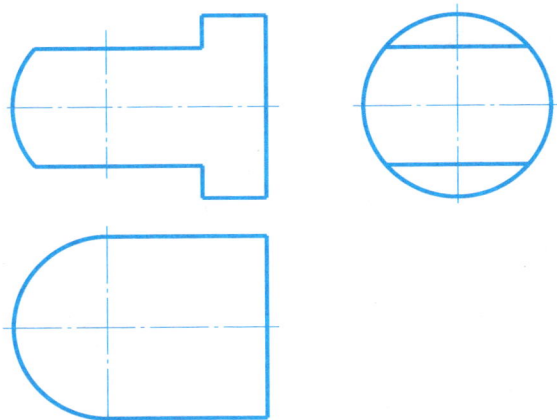

4. 完成俯视图。

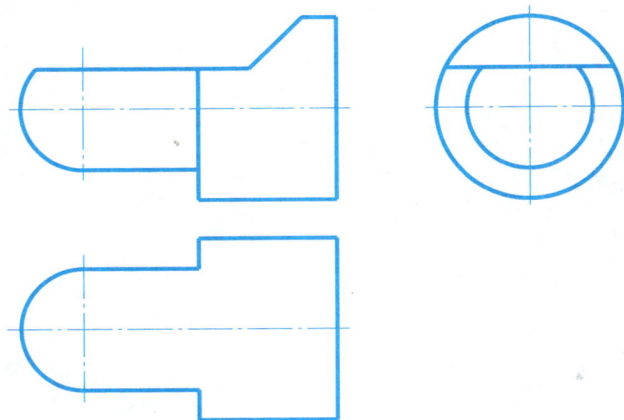

1. 完成主视图。

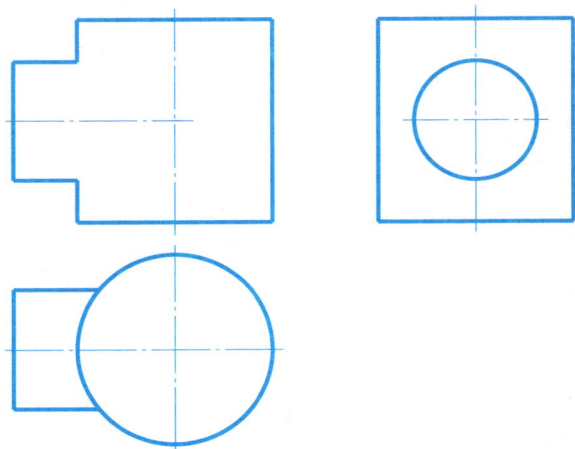

2. 完成左视图。

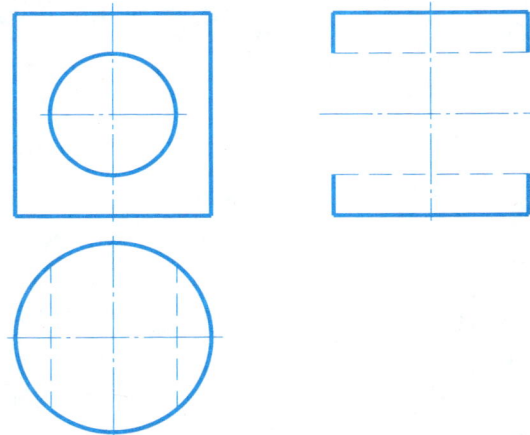

3. 完成主视图。

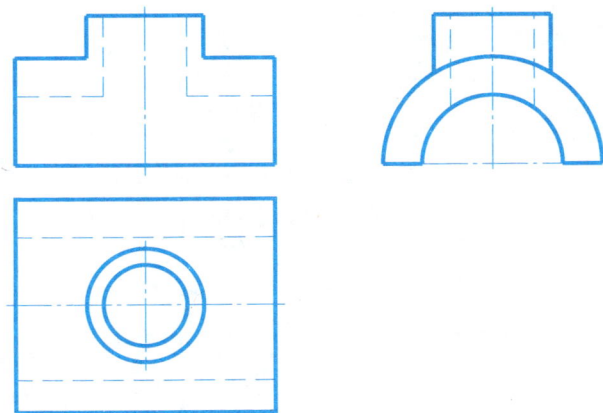

4. 补画左视图。

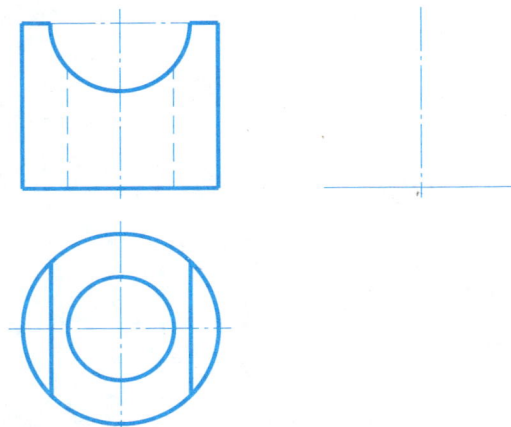

1. 完成左视图。

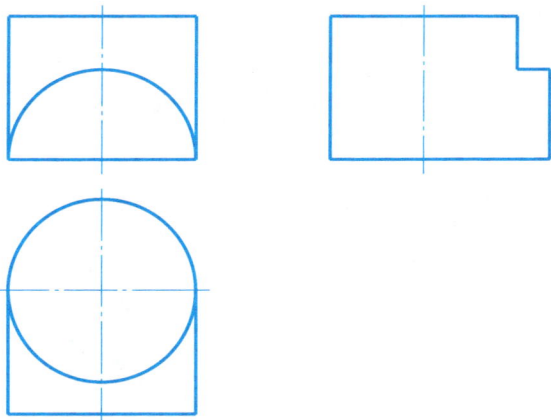

2. 完成主视图。

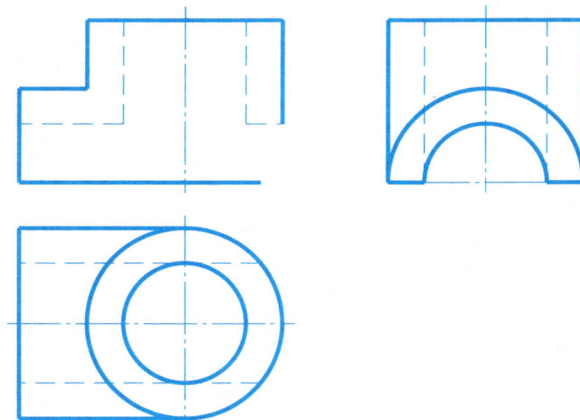

3. 完成俯视图。

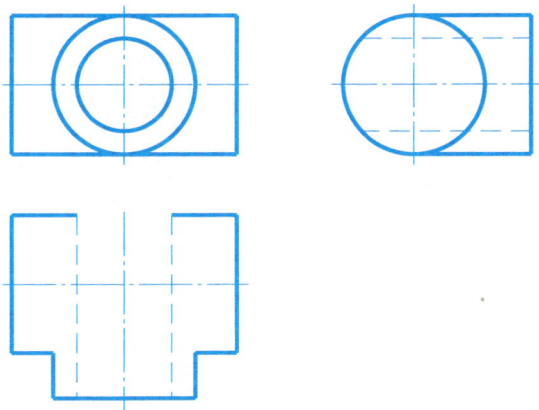

4. 完成主、俯视图。

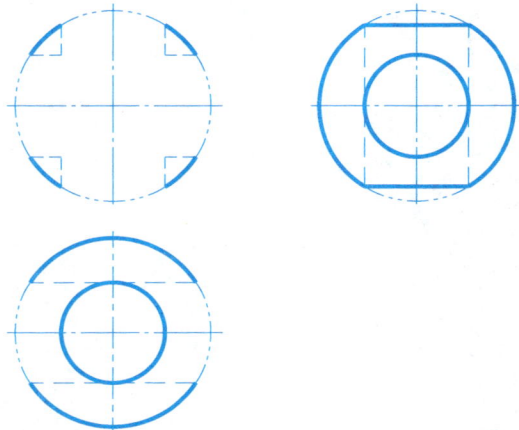

1. 补画主视图。

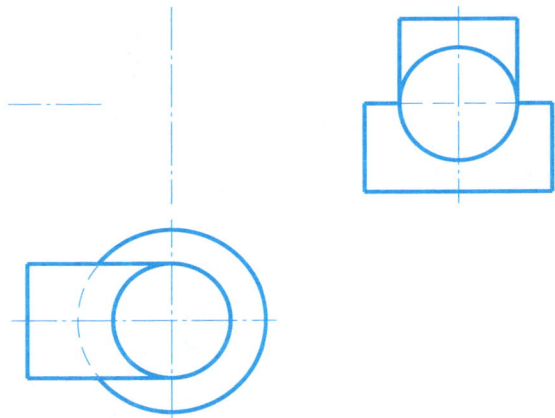

2. 完成左视图。

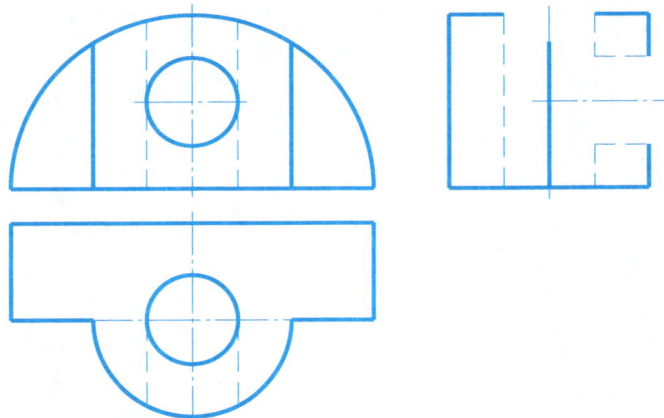

3. 补画左视图。

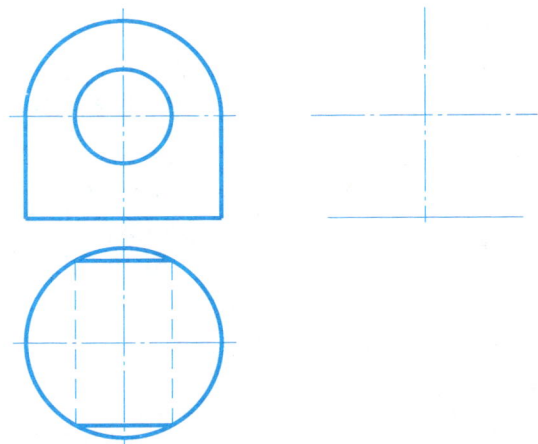

4. 完成主视图。

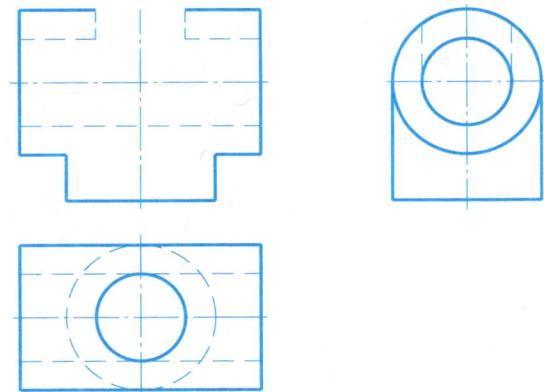

1. 补画主视图。

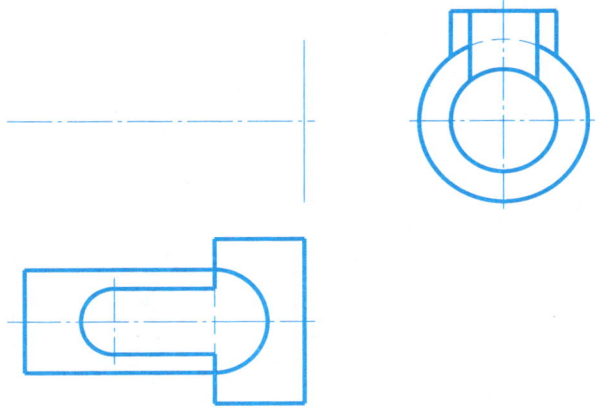

2. 补画主视图。

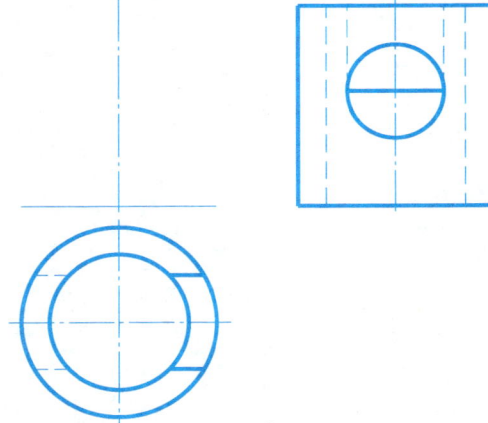

3. 补画左视图。

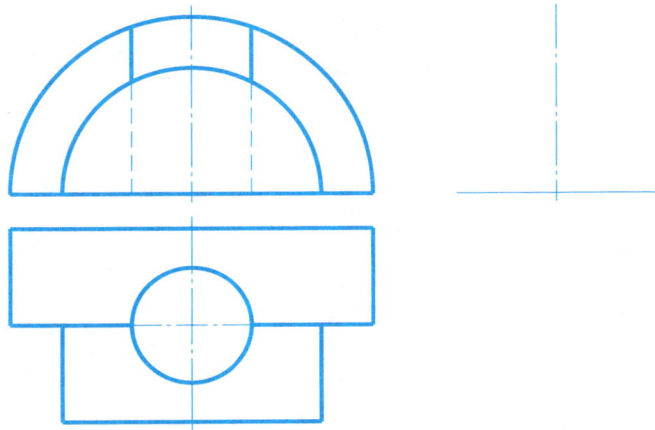

4. 补画主视图。

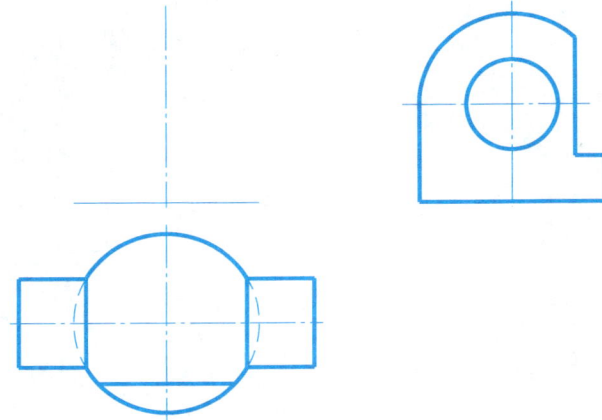

4 组合体

根据给定的主、俯视图，在投影关系正确的左视图下的括号内画"√"、错误的则画"×"。

1.

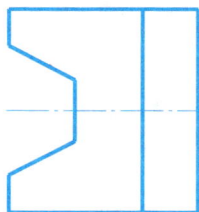 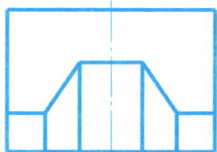 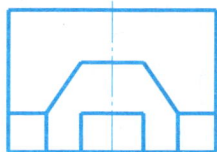 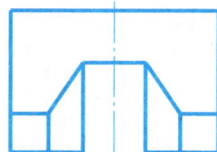 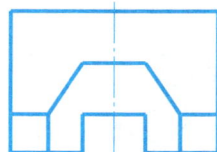

A (　　)　　　　B (　　)　　　　C (　　)　　　　D (　　)

2.

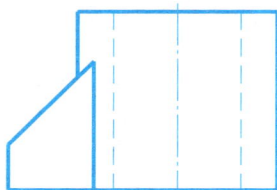 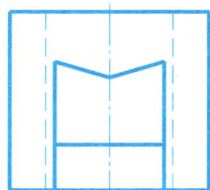 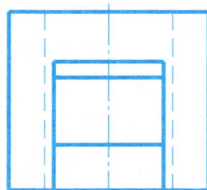 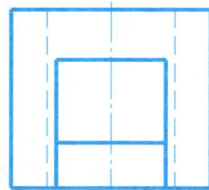 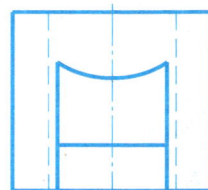

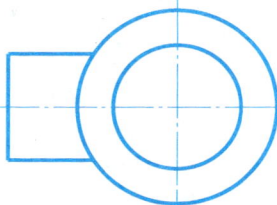

A (　　)　　　　B (　　)　　　　C (　　)　　　　D (　　)

1. 在指定位置按 1：1 画立体的三视图。

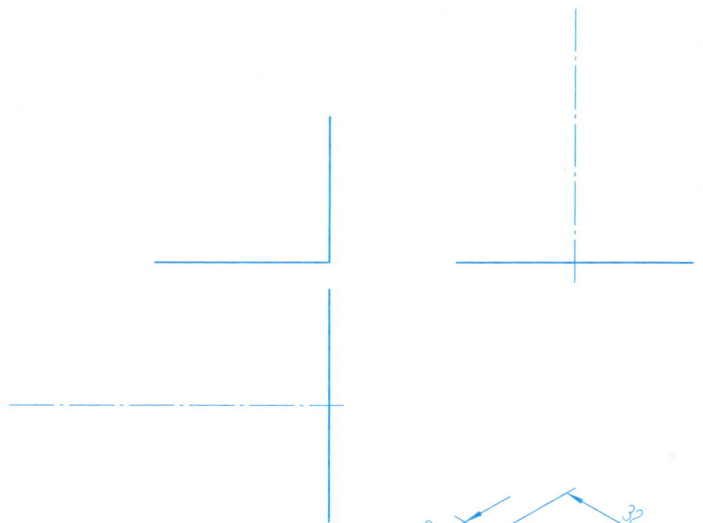

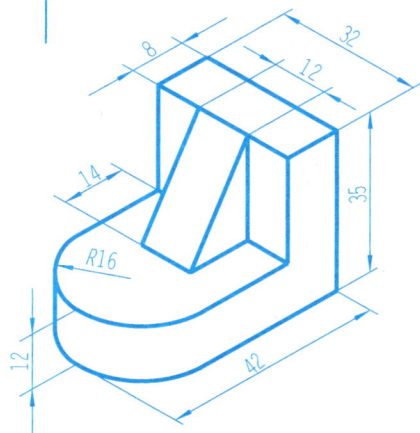

2. 在指定位置按 1：1 画立体的三视图。

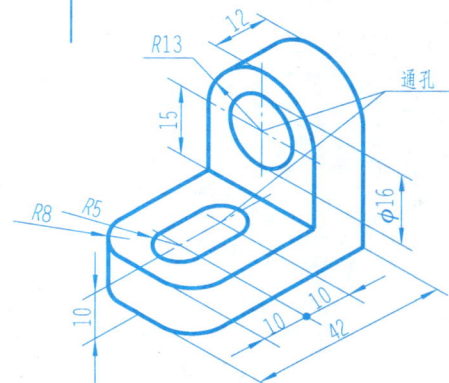

由给定的轴测图在 A4 图幅上画立体的三视图。

图名：由轴测图画三视图。

比例：1∶1。

图号：04.01。

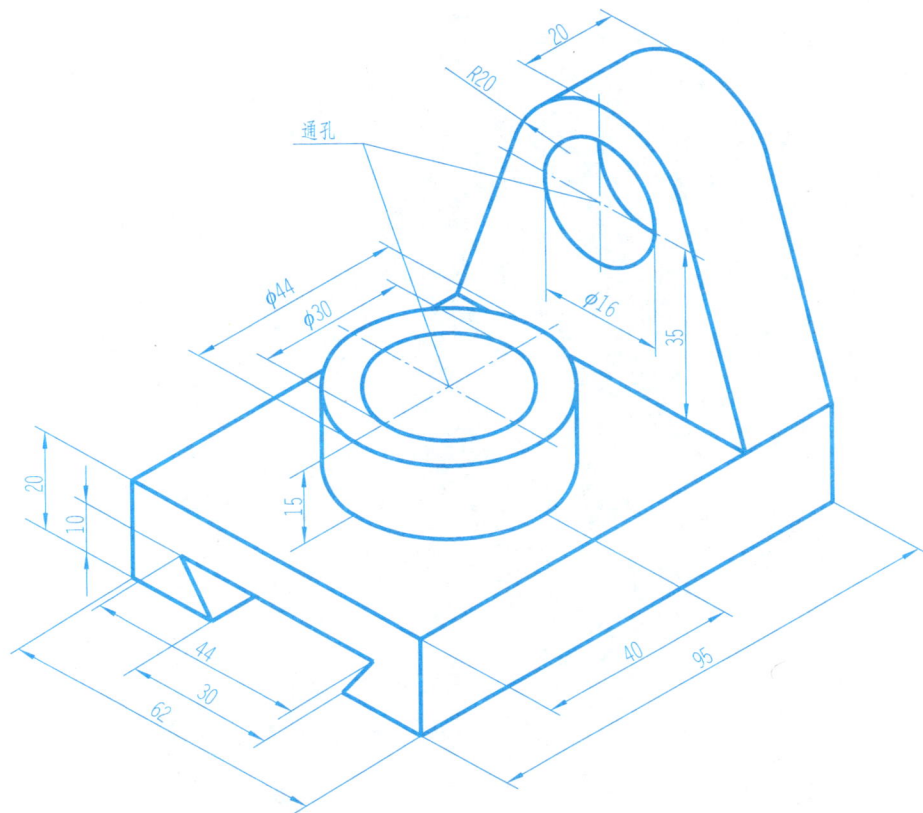

1. 尺寸数字按1：1从图上量取整数。

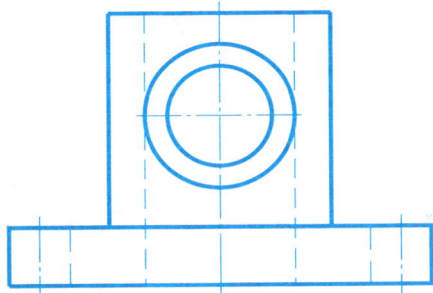

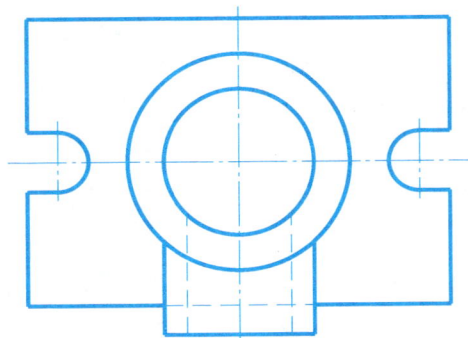

2. 尺寸数字按1：2从图上量取整数。

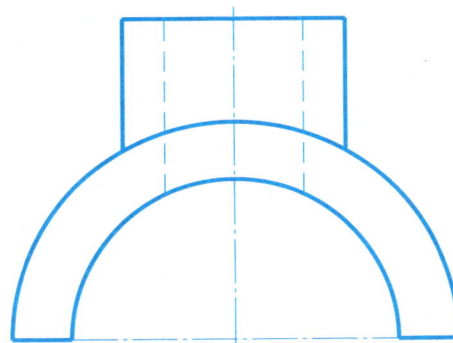

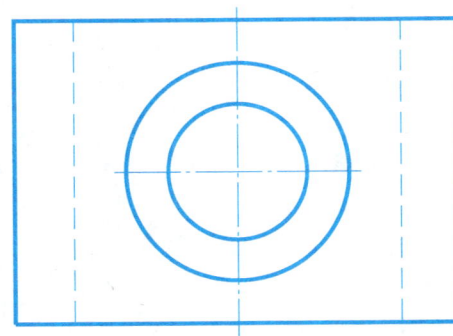

1. 尺寸数字按 2∶1 从图上量取整数。

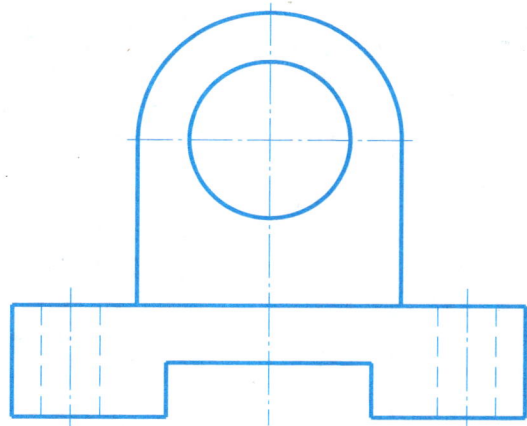

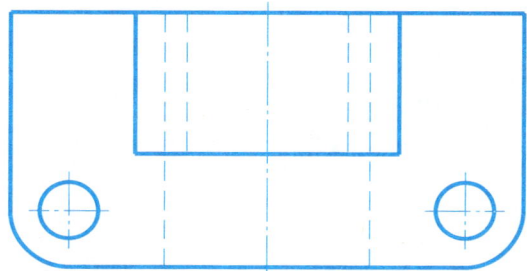

2. 尺寸数字按 1∶2 从图上量取整数。

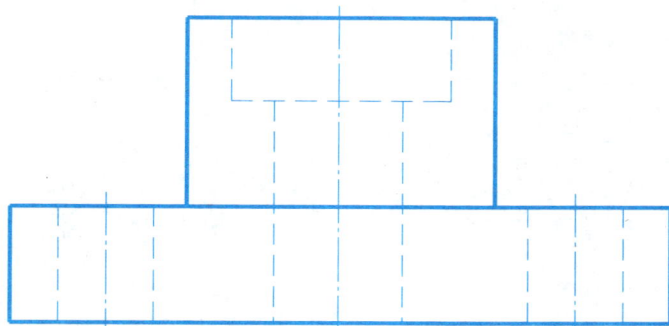

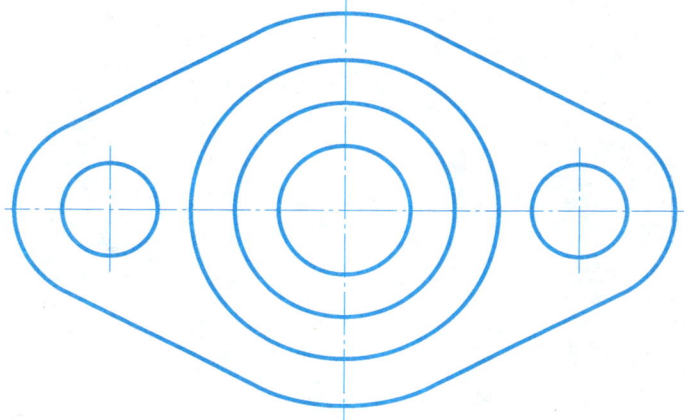

1. 投影关系完全正确的选项是_____。

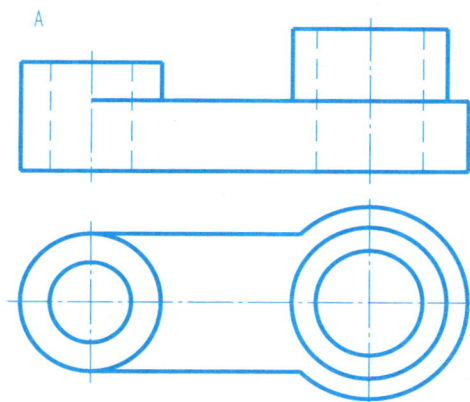

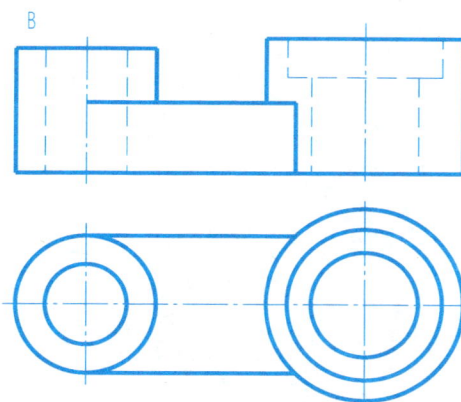

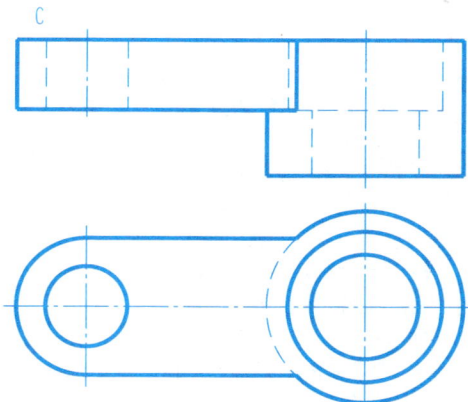

A B C

2. 投影关系完全正确的选项是_____。

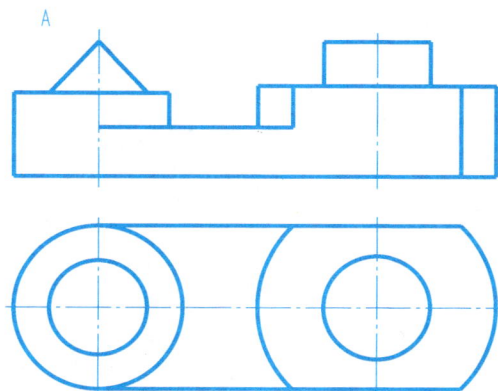

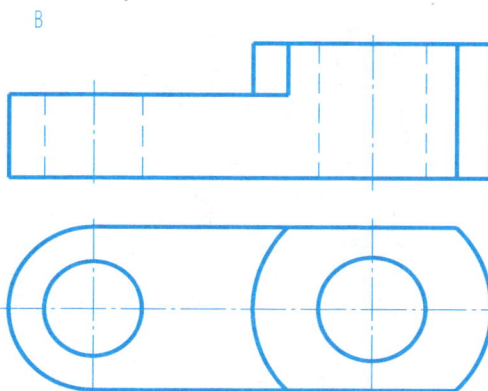

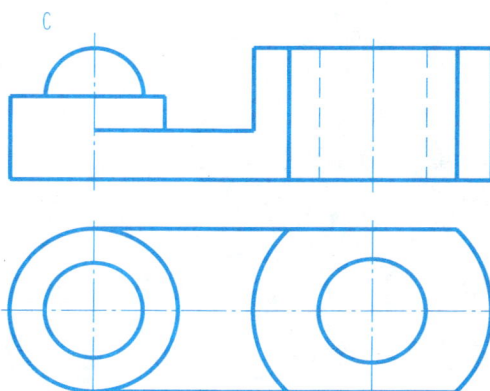

A B C

1. 由给定的俯视图想象不同形体，并画出主、左视图。

(1)

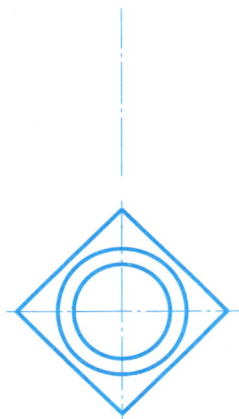

(2)

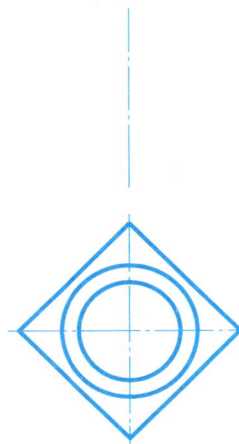

2. 由给定的俯、左视图想象不同形体，并画出主视图。

(1)

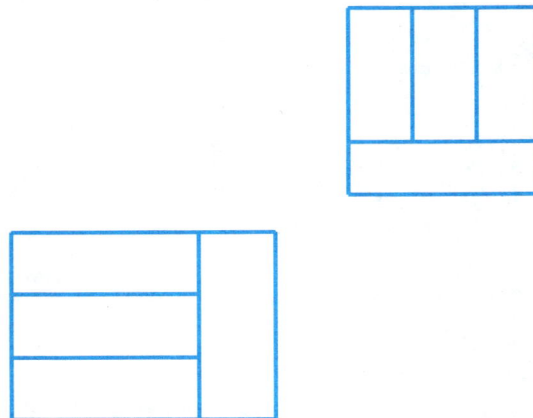

(2)

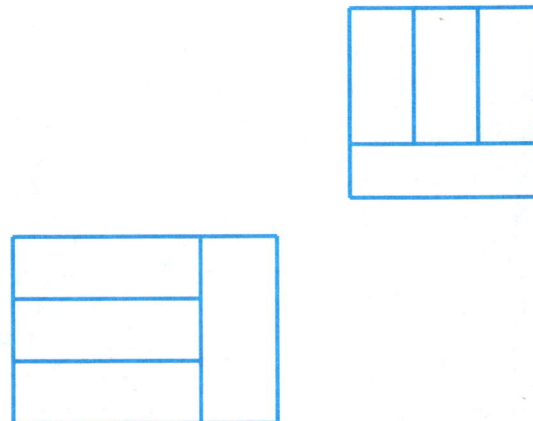

1. 完成俯视图。

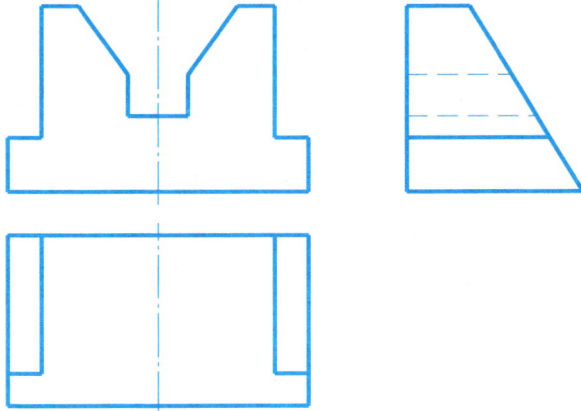

2. 完成主视图。

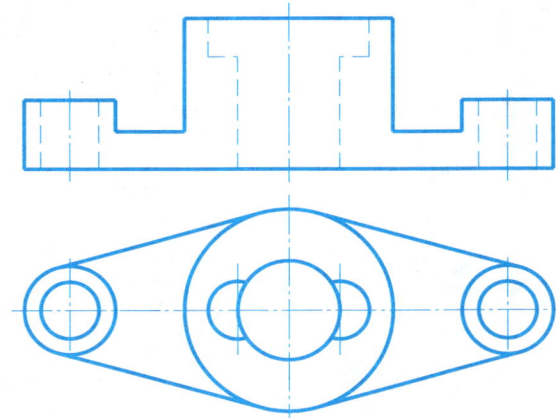

3. 完成主、俯视图。

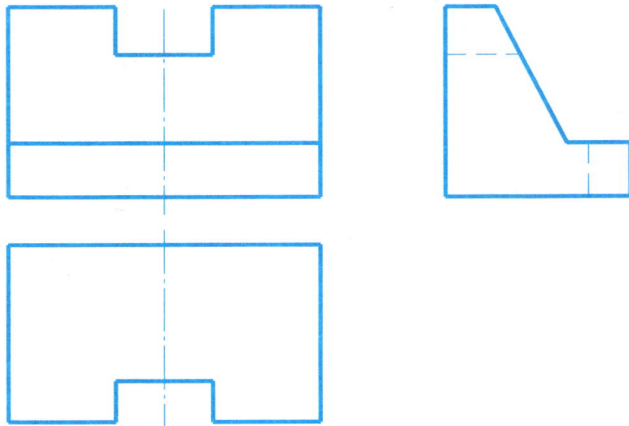

4. 完成主视图。

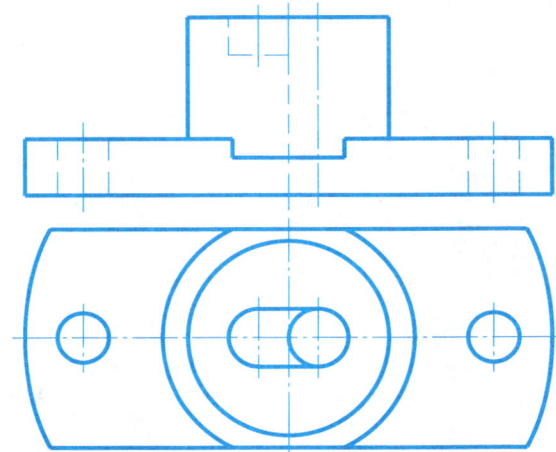

2. 完成俯、左视图。

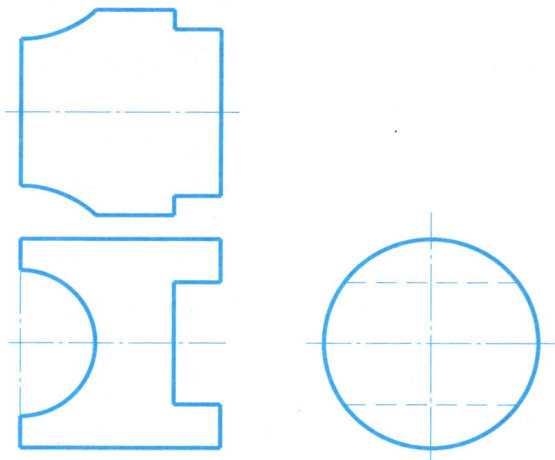

1. 完成左视图。

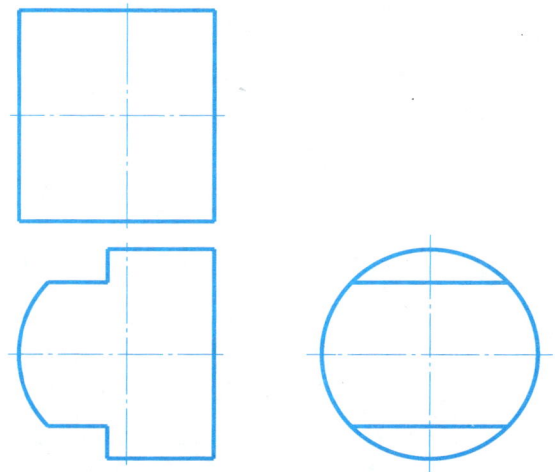

3. 完成主、左视图。

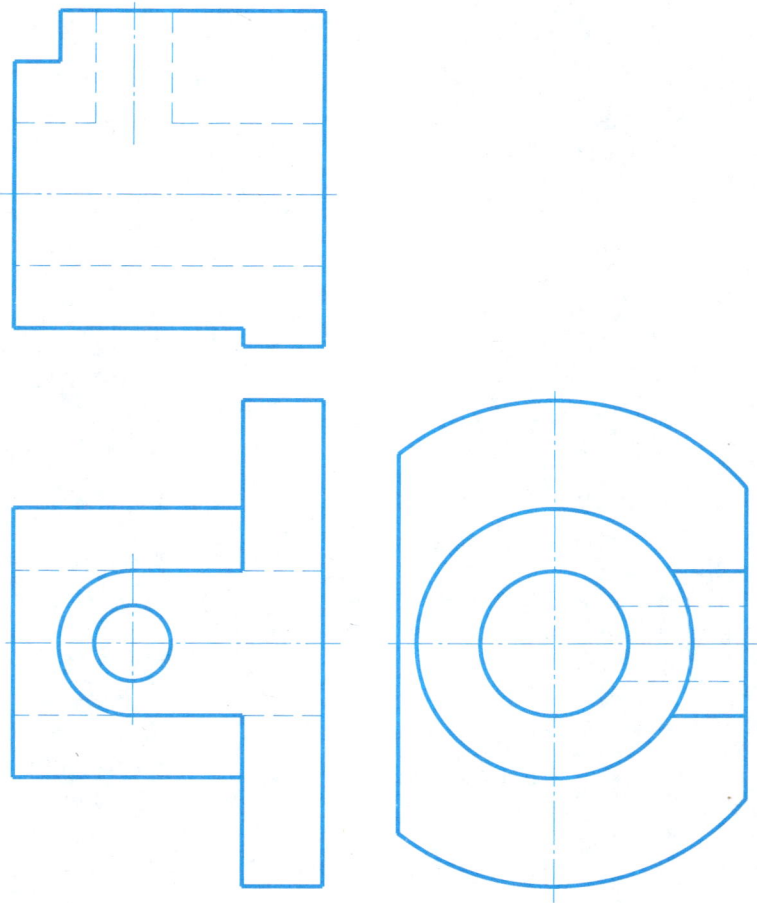

1.

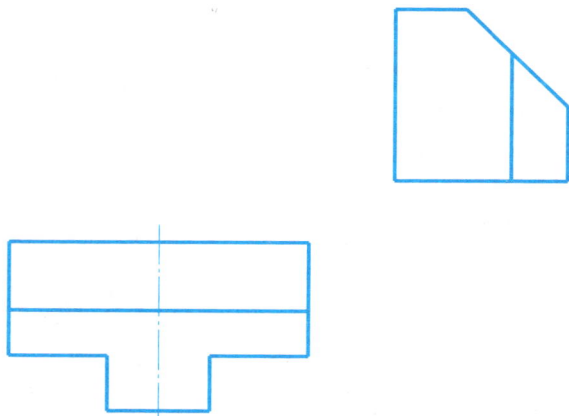

2.

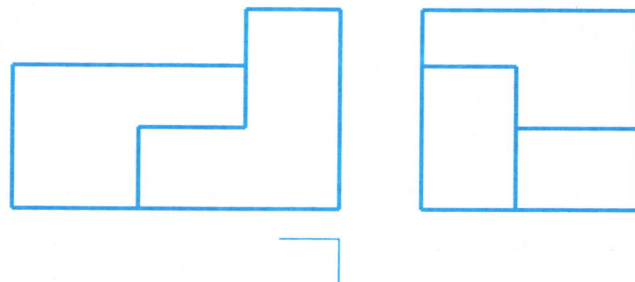

3.

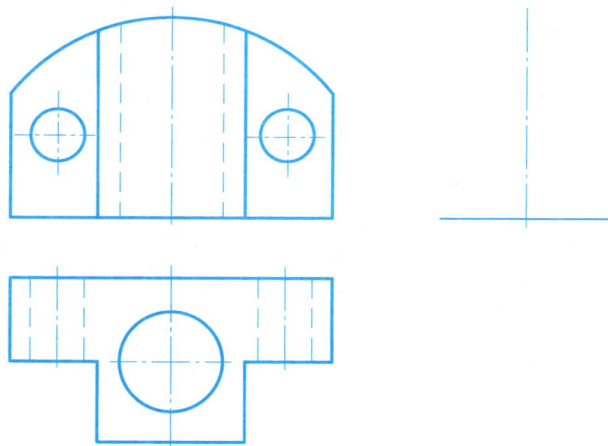

4.

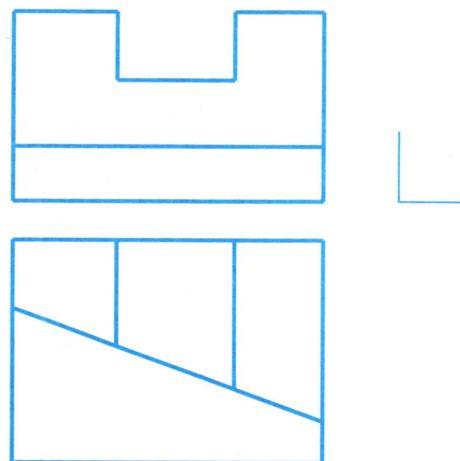

| 4—11 补画第三视图（二） | 班级 | 学号 | 姓名 | 40 |

2.

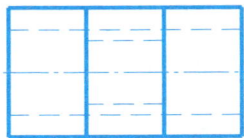

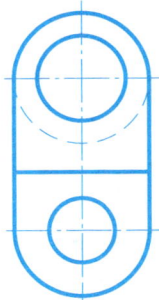

1.

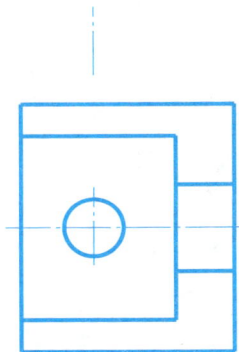
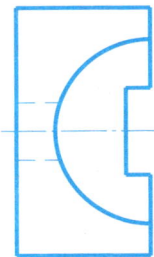

3.

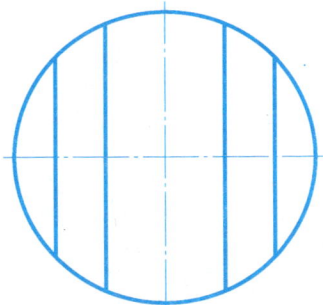

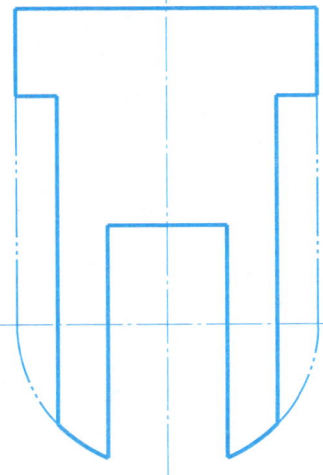
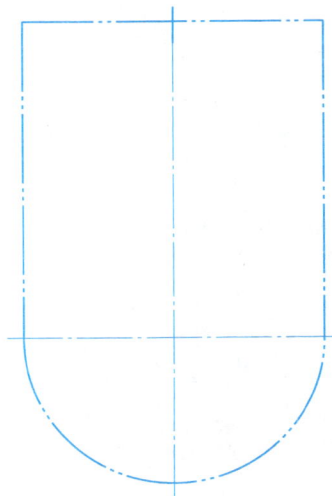

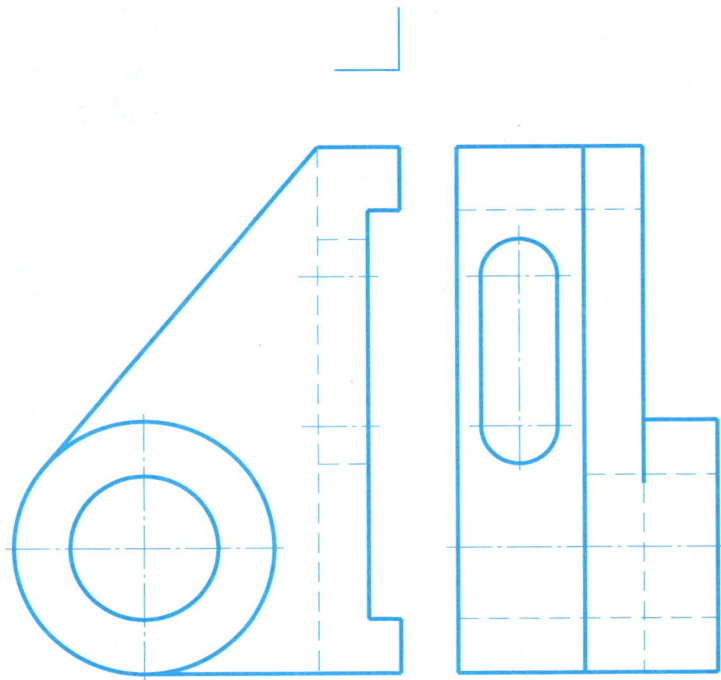

1.

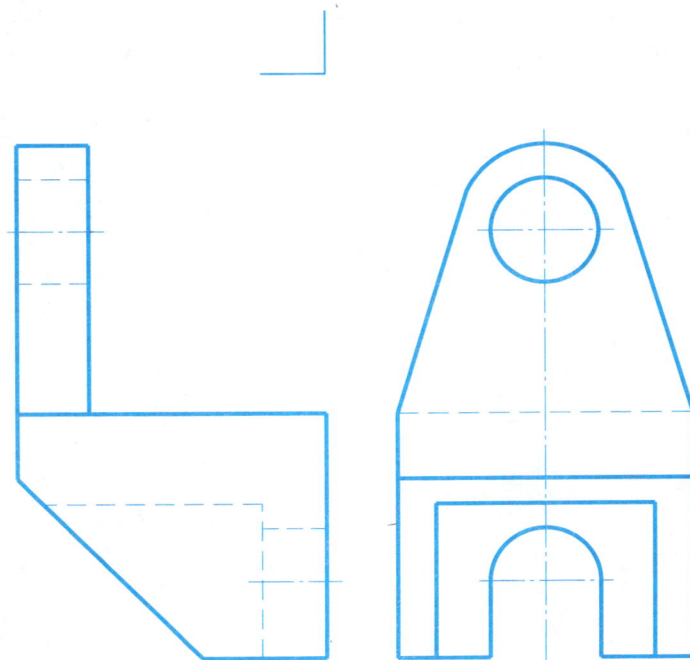

2.

1.

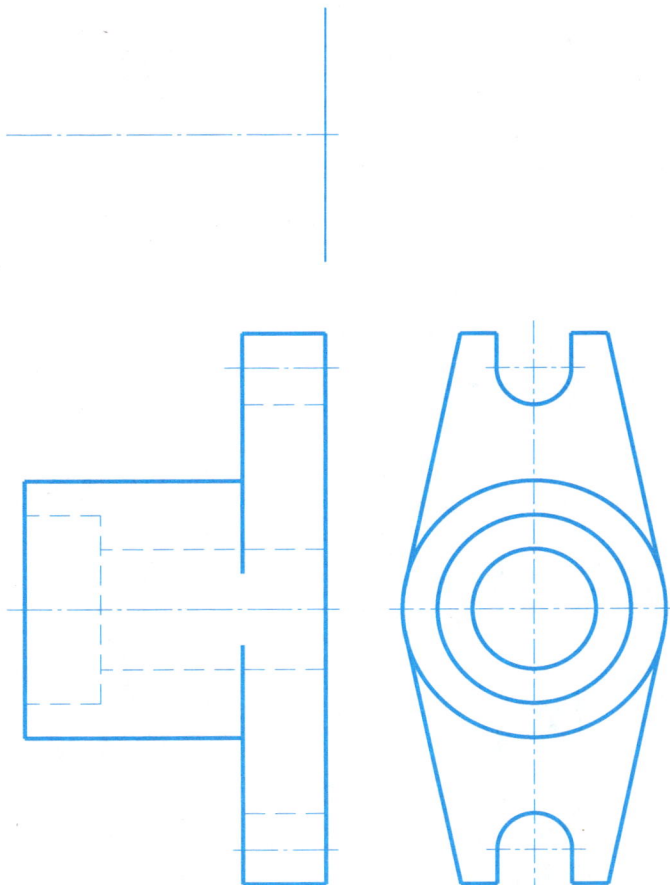

2.

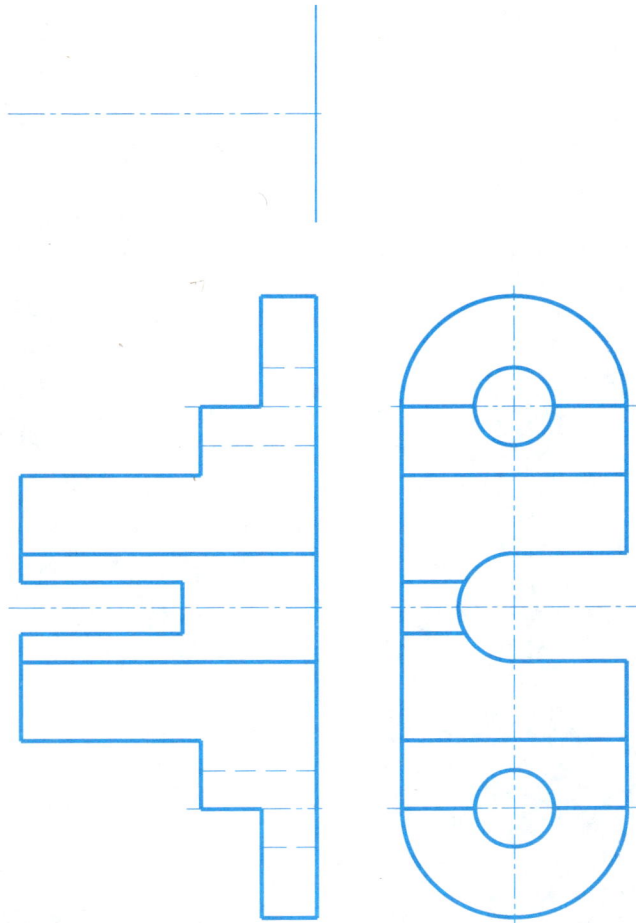

1.

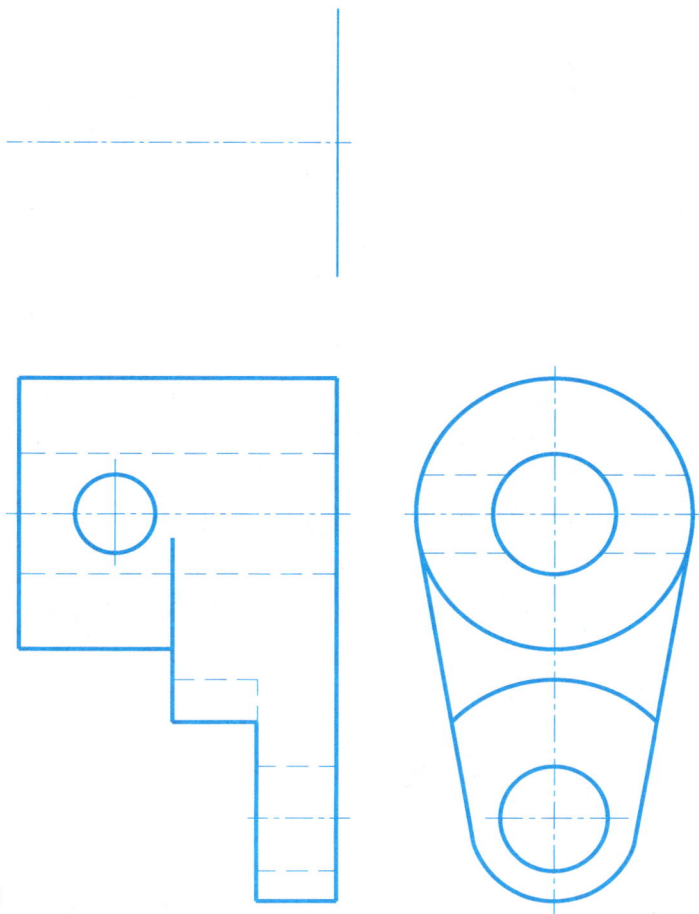

2.

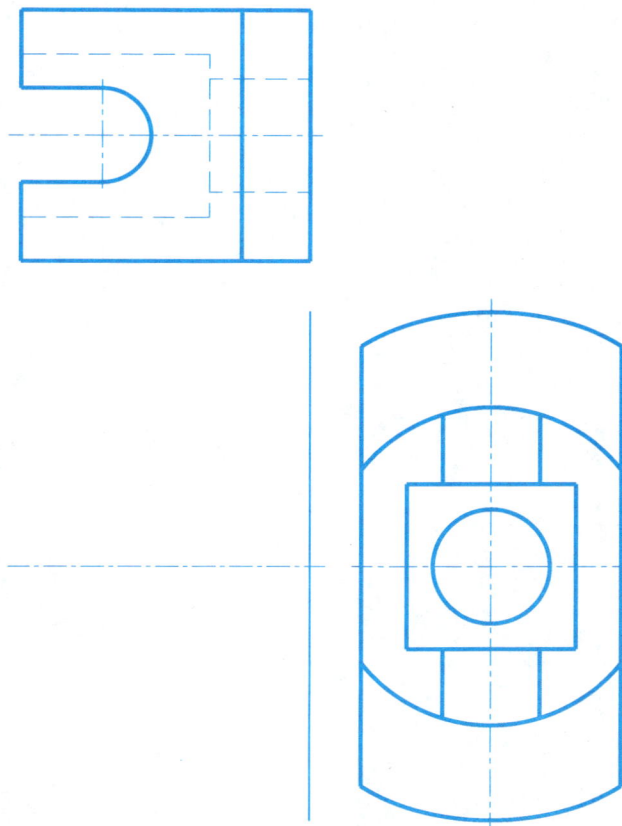

1.

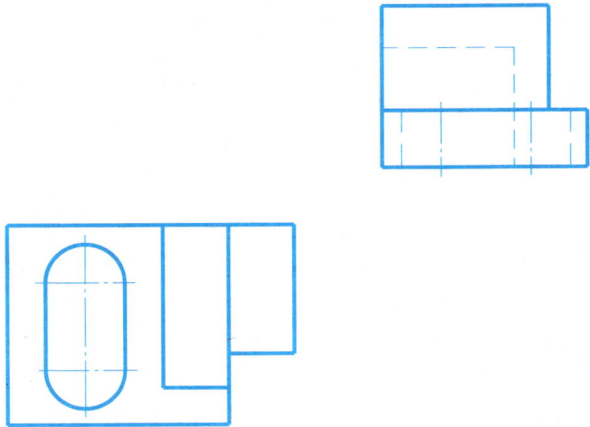

2.

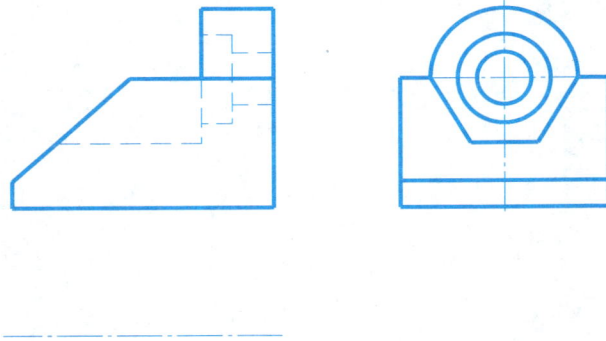

3.

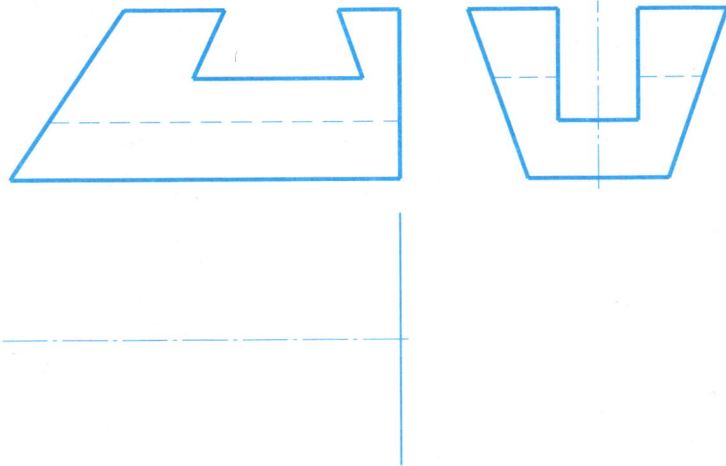

4.

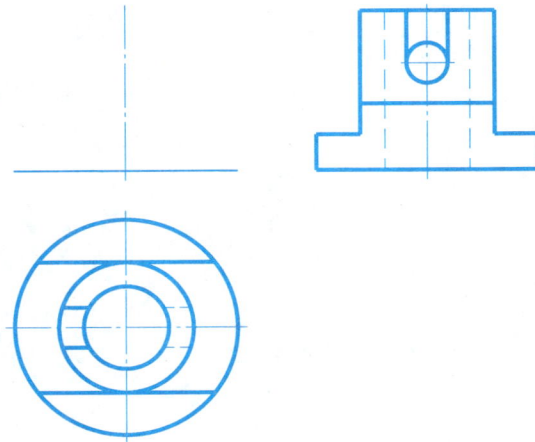

1.

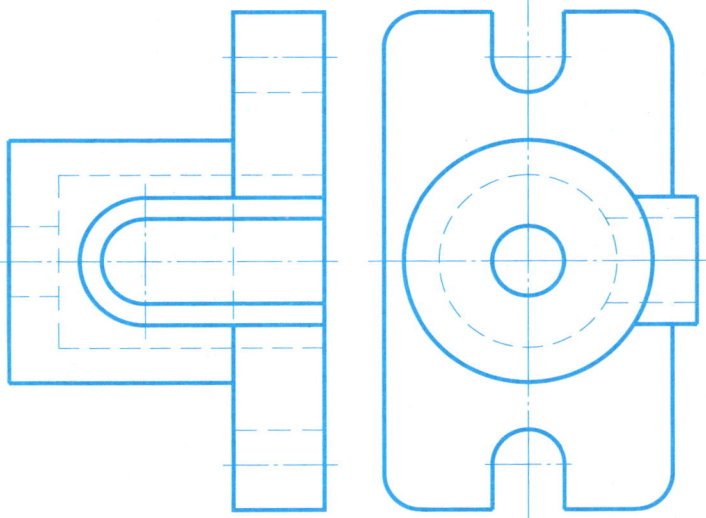

2.

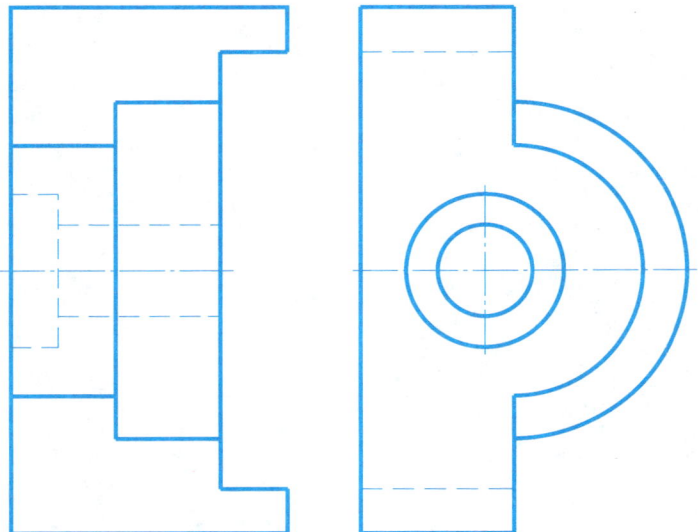

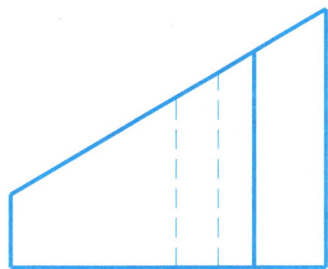

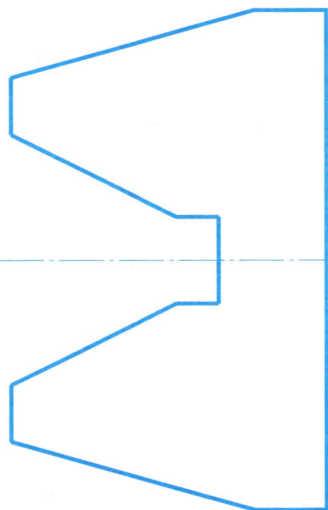

1.

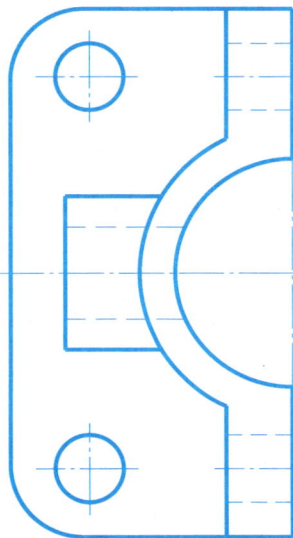 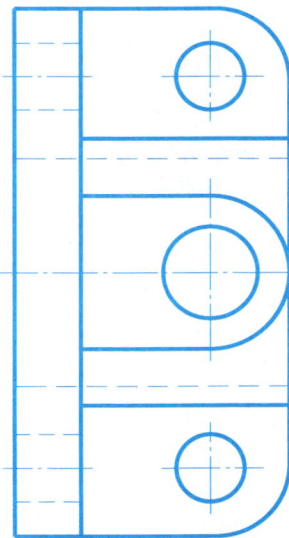

2.

1.
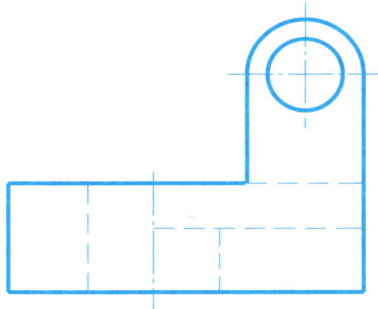
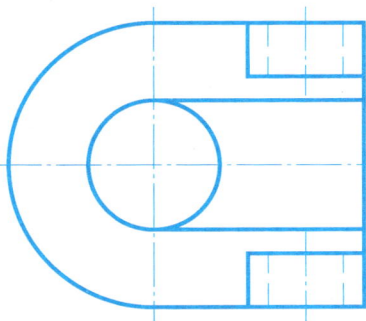

2.
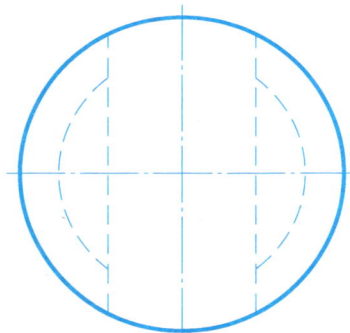
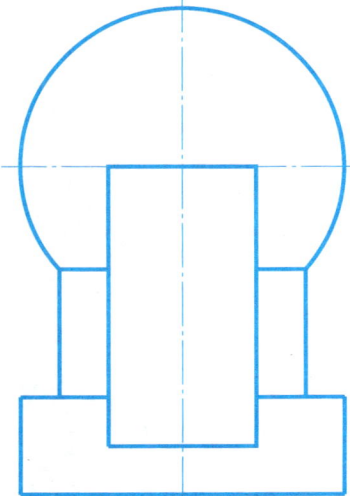

根据所给定的主、俯视图，在A3图幅上绘制三视图并标注尺寸。

图形名称：组合体。

图形代号：04.02。

比例：2：1。

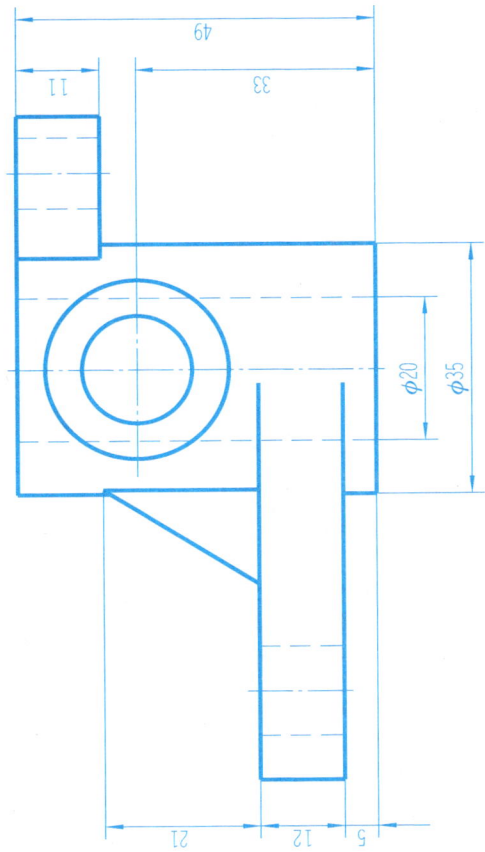

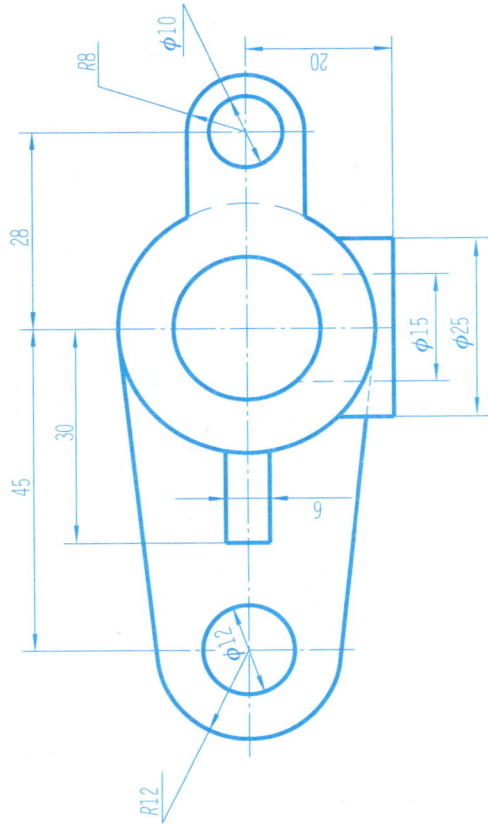

根据所给定的主、俯视图，在A3图幅上绘制三视图并标注尺寸。
图形名称：组合体。
图形代号：04.03。
比例：1:1。

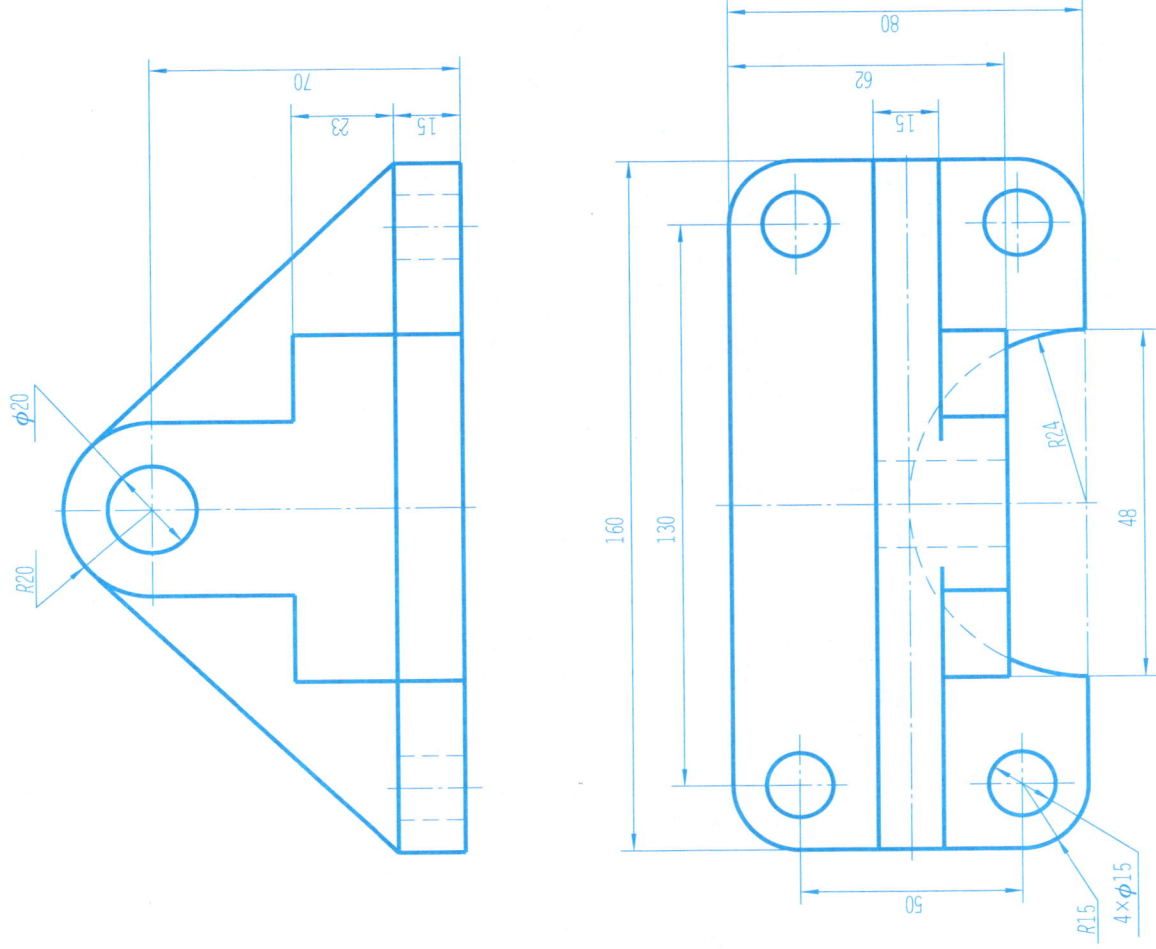

5 图形的表达方法

1. 根据给出的三视图，补画右视图和仰视图。

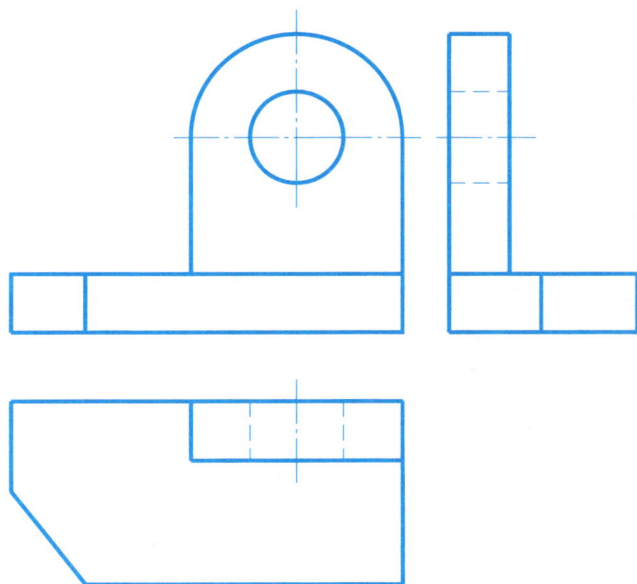

2. 按照箭头所指方向，在指定位置画出相应的向视图。

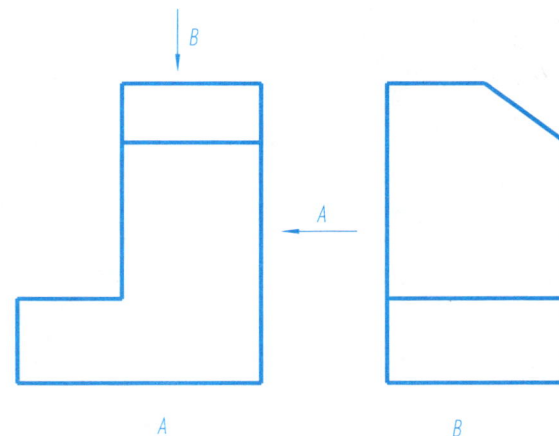

1. 由给定的主视图，参照轴测图，补画局部视图A和斜视图B。

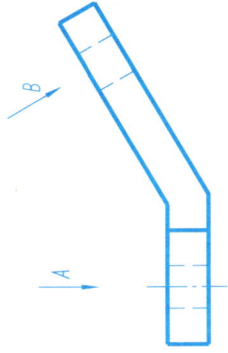

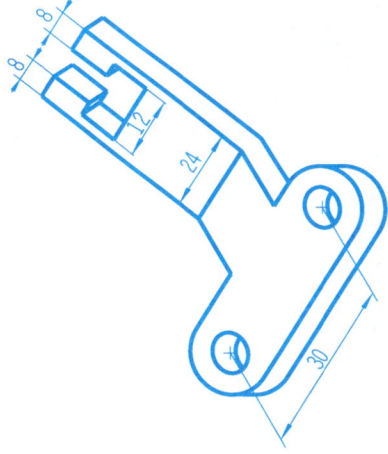

2. 由给出的视图，补全俯视图。

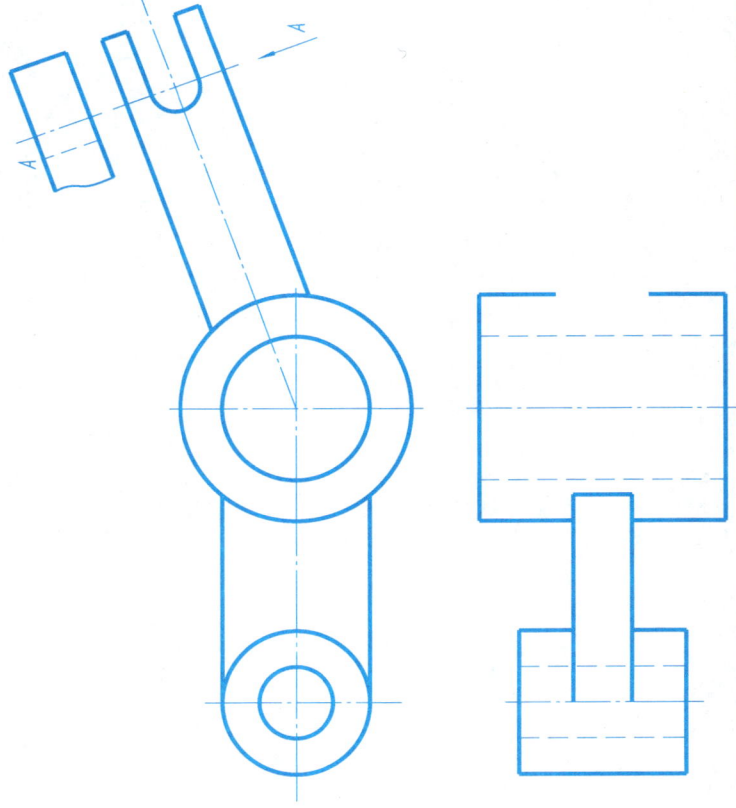

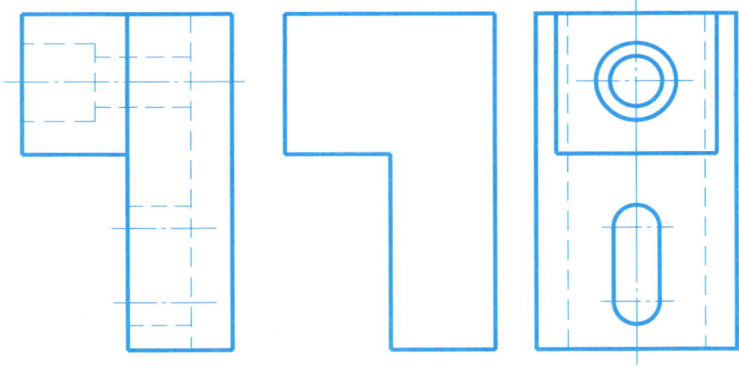

2.

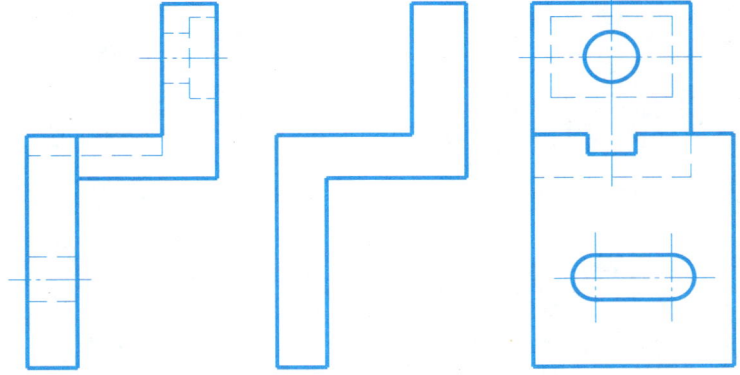

4.

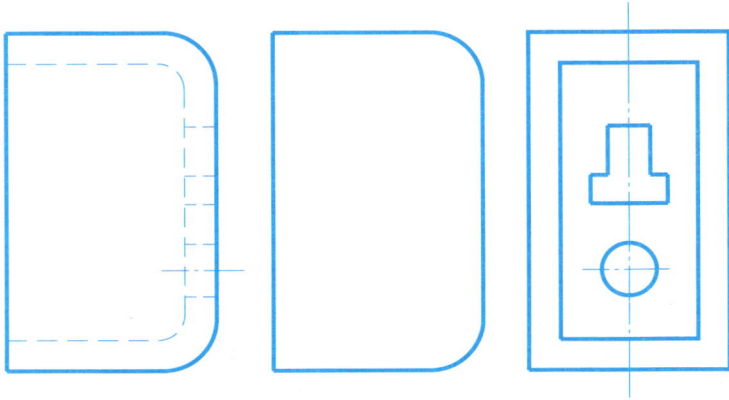

1.

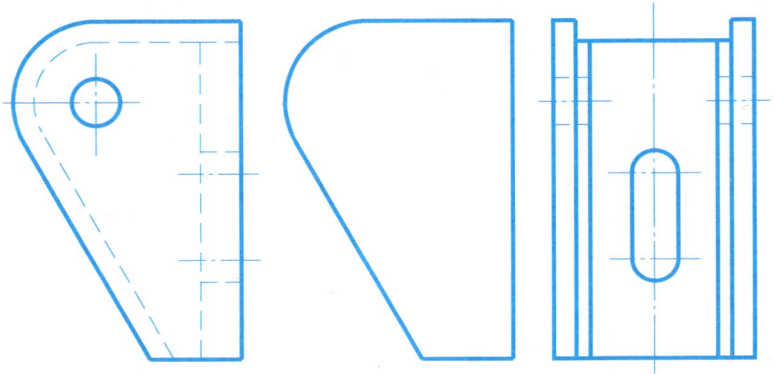

3.

2.

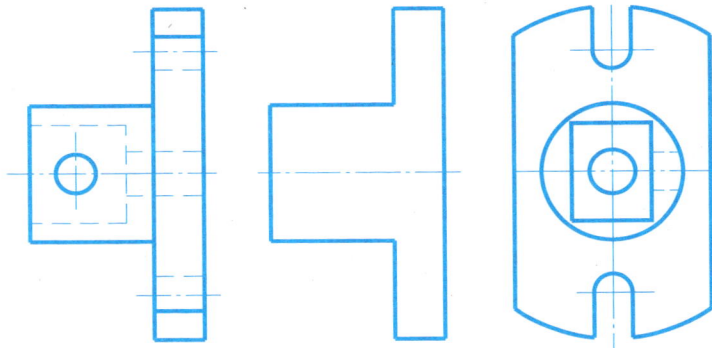

4.

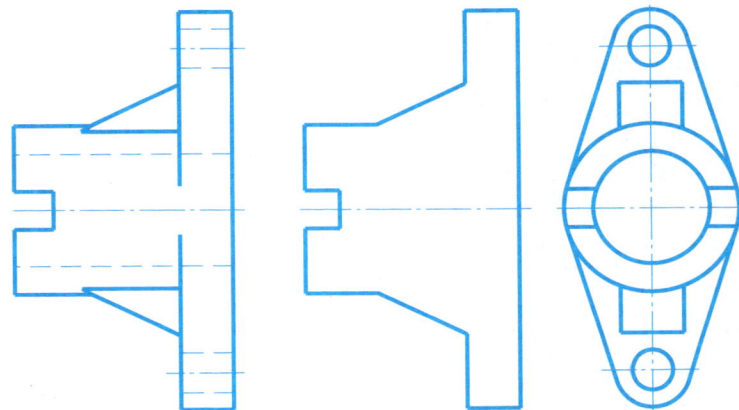

1.

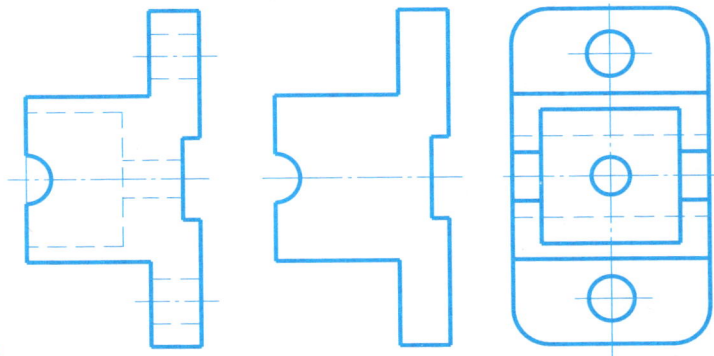

3.

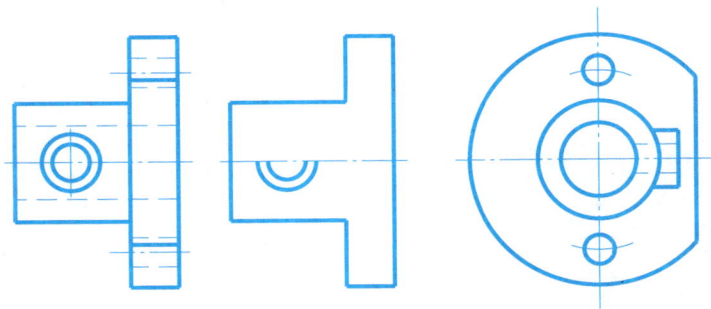

2.
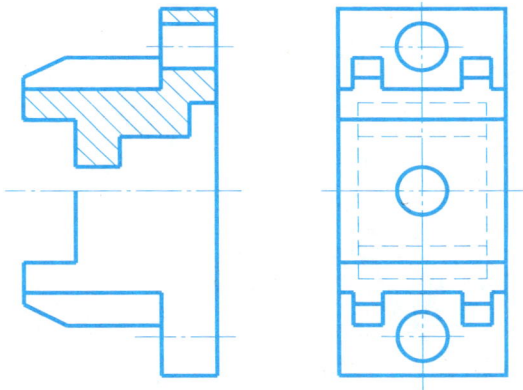

4.
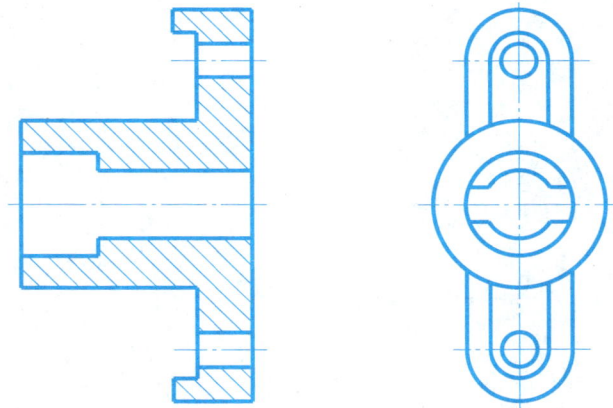

1.
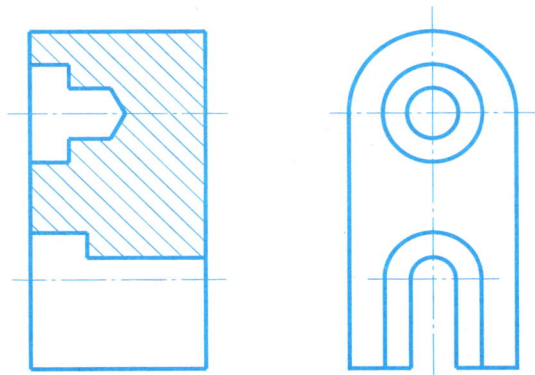

3.
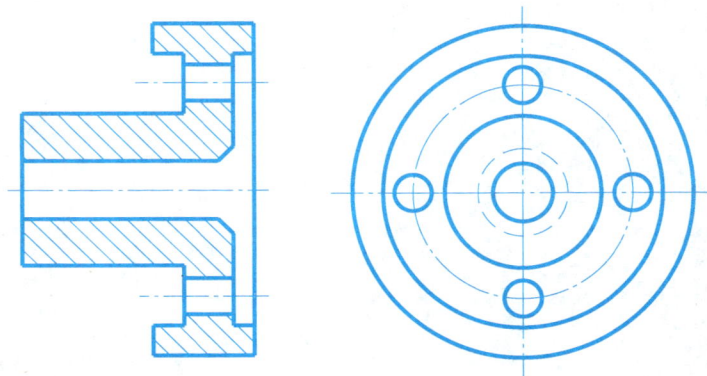

1. 在指定位置将左视图作适当的剖视。

(1)

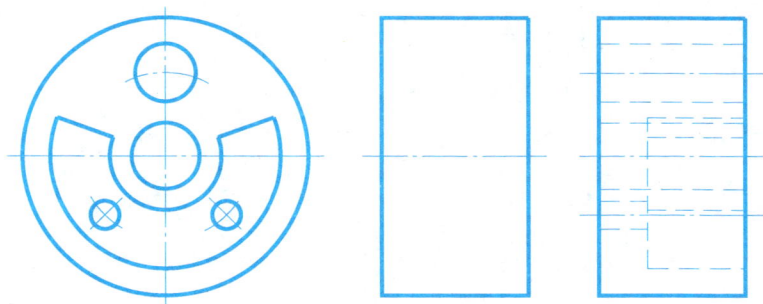

(2)

2. 分别作 *A—A* 和 *B—B* 剖视。

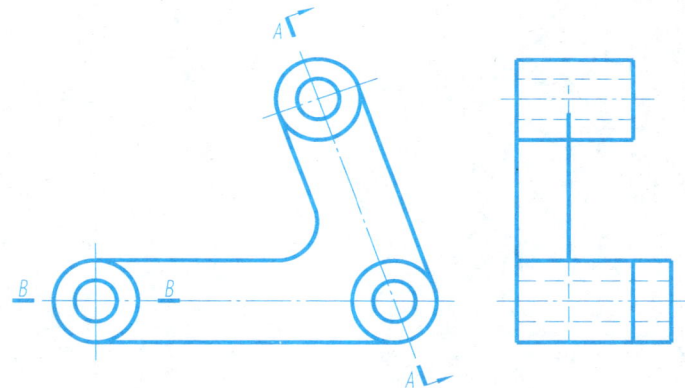

1. 由给定的主、俯视图，在投影关系正确的左视图下的括号内画"√"，错误的则画"×"。

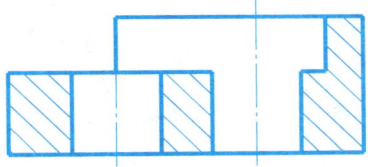

A（　）

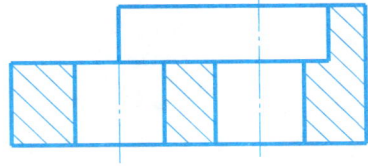

B（　）

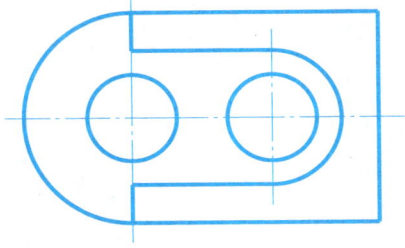

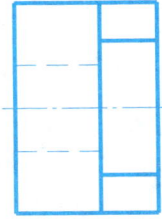

2. 由给出的主、俯视图，在投影关系正确的一组视图下的括号内画"√"，错误的则画"×"。

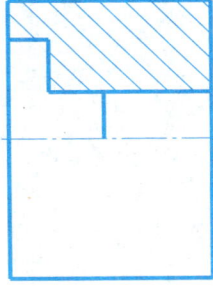

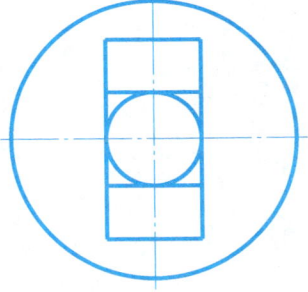

A（　）

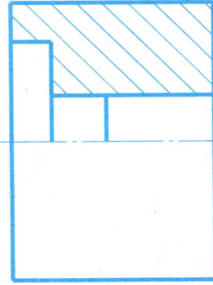

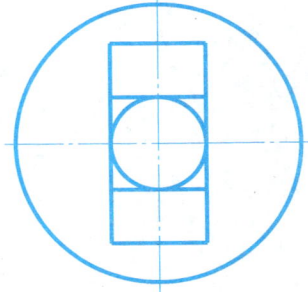

B（　）

1. 在指定位置将主视图作局部剖视。

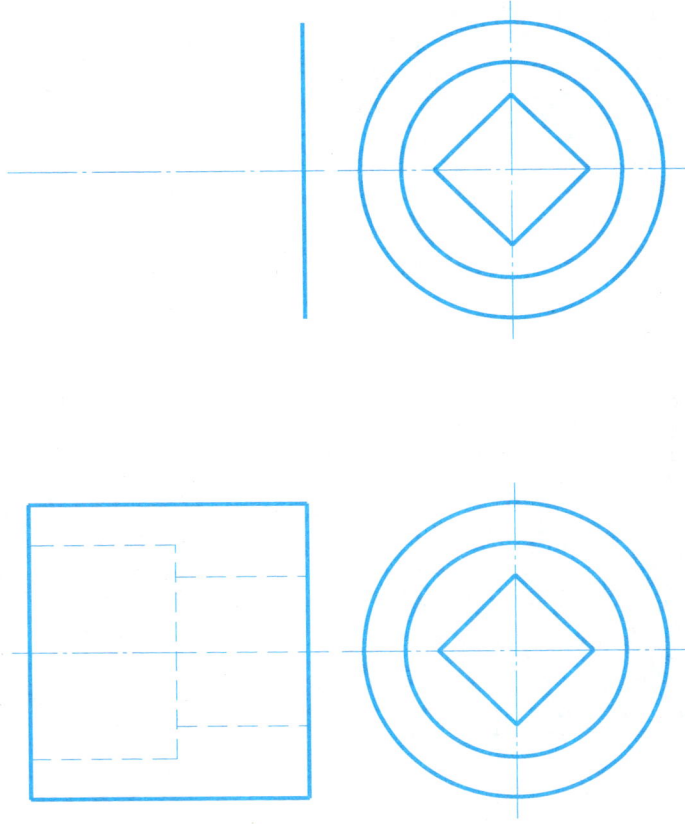

2. 在指定的位置将主视图作局部剖视。

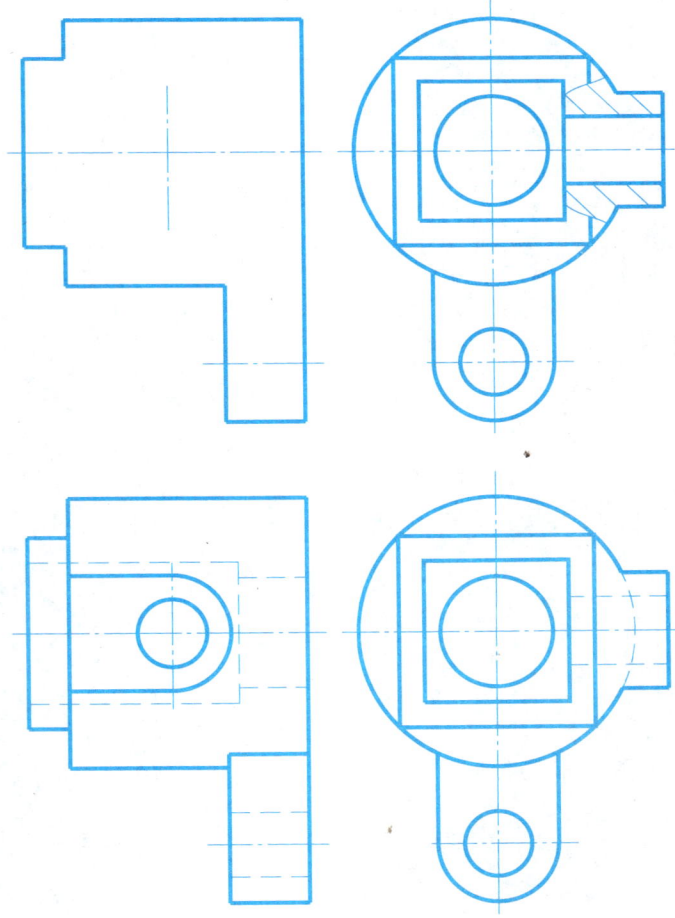

找出图中有错误的移出断面，并在指定的位置画出其正确的移出断面（包括必要的标注）。

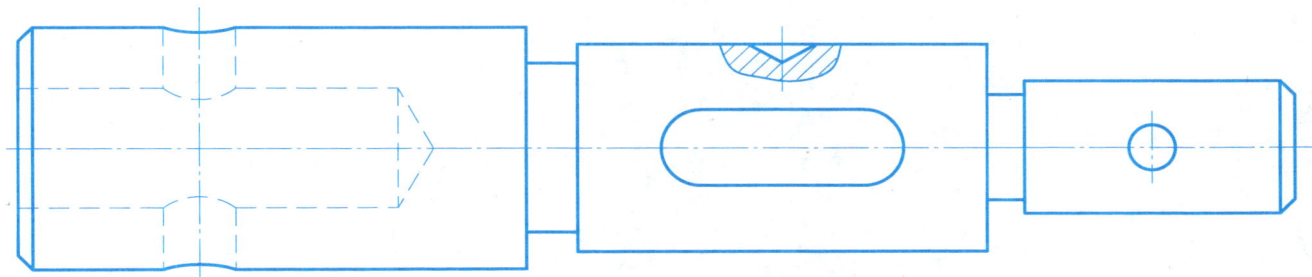

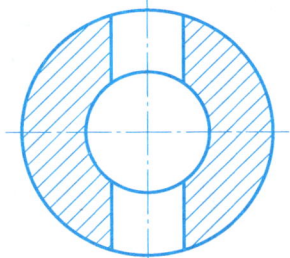

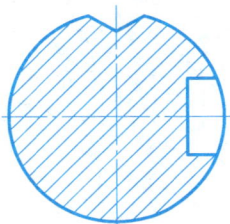

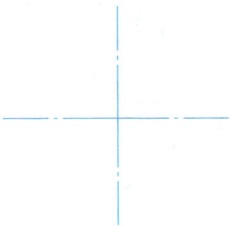

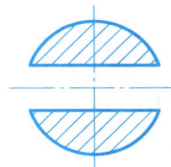

在指定位置画出相应的圆轴的断面图（左端键槽深 5mm，右端键槽深 4mm）。

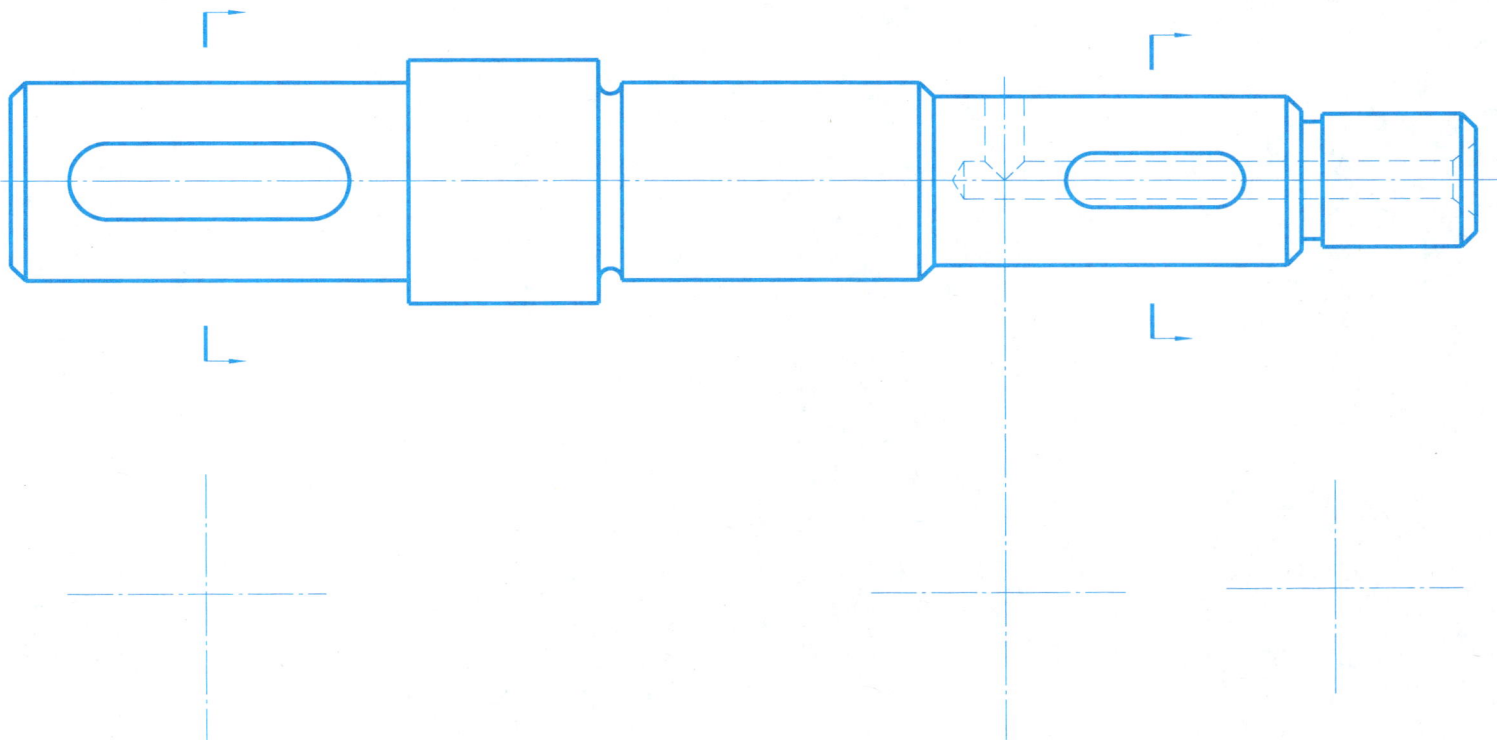

1. 作出用两个相交的剖切平面剖切物体后的移出断面。

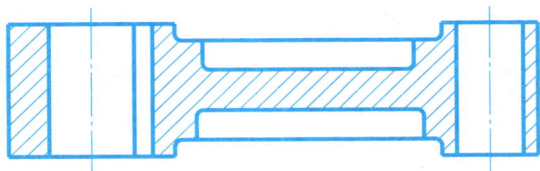

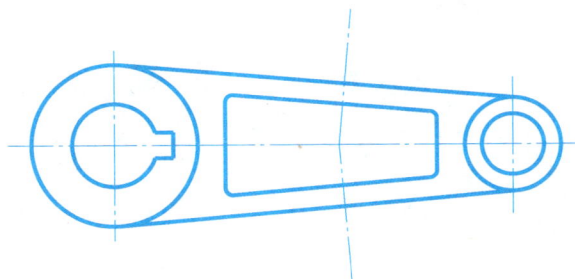

2. 作出 A—A、B—B 断面图。

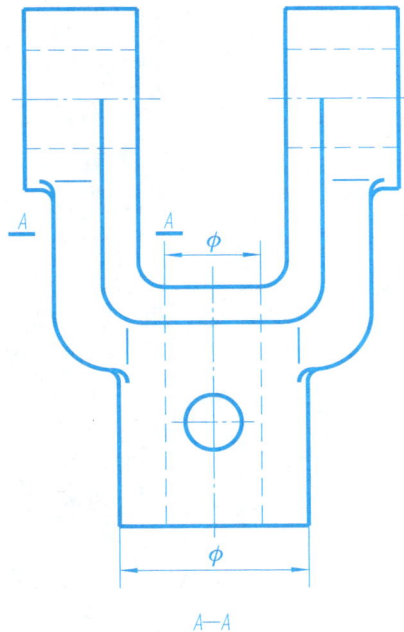

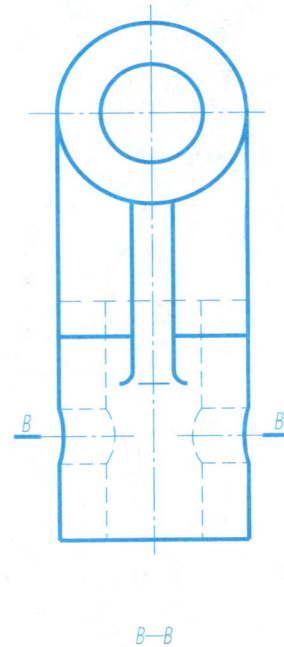

A—A

B—B

分析物体不同表达方案的优缺点，并确定合理的表达方案。

方案1

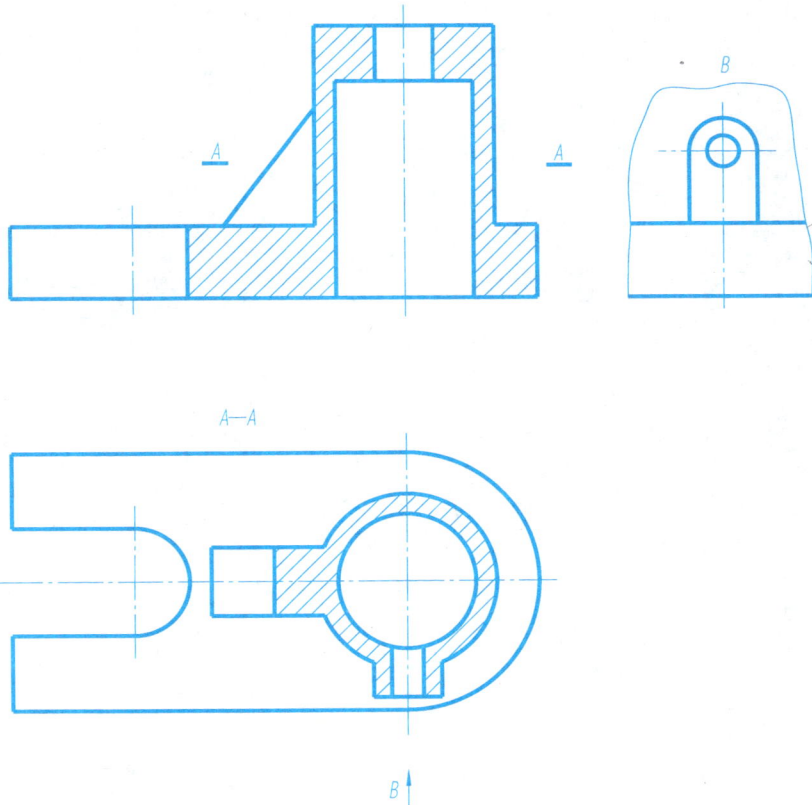

A—A

方案2

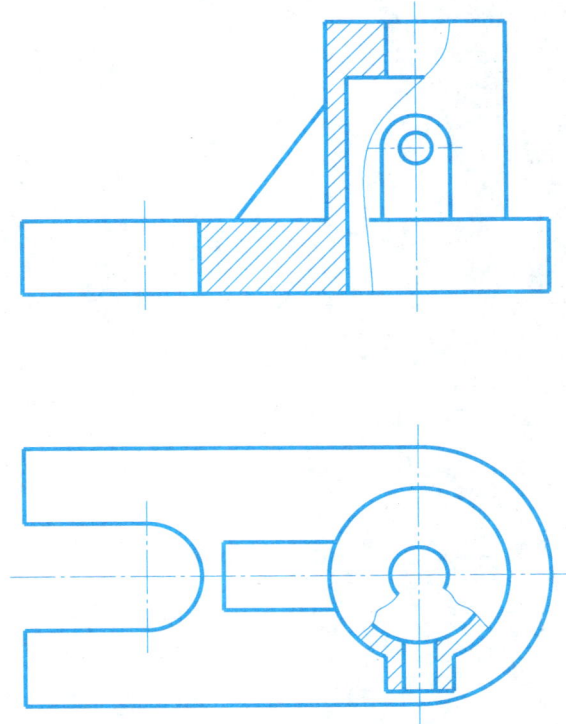

选用适当的表达方法，在右边的空白处，重新将机件的形状表达清楚。（推荐方案：采用主、俯视图都半剖的表达方法）。

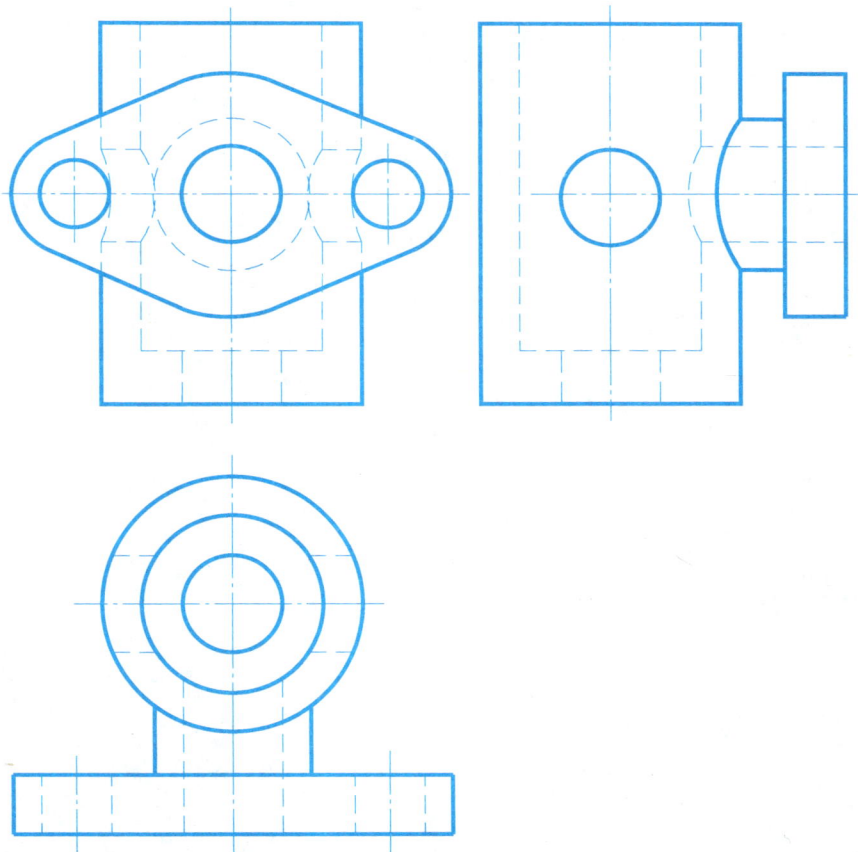

根据给出的视图，选择适当的表达方法，重新将机件的形状表达清楚。

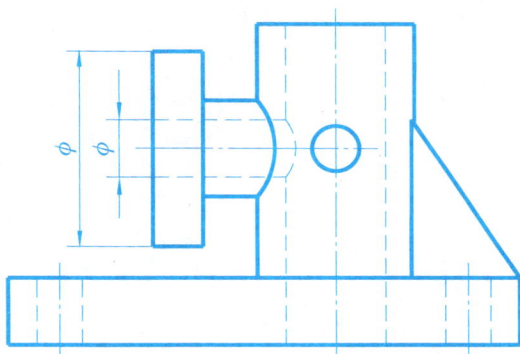

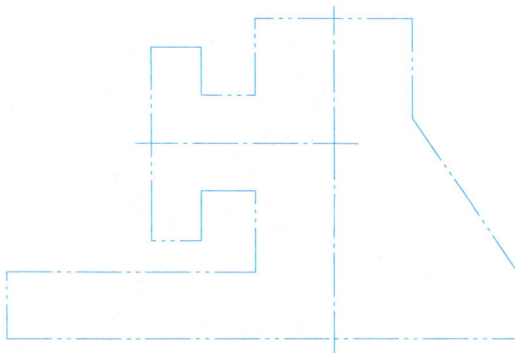

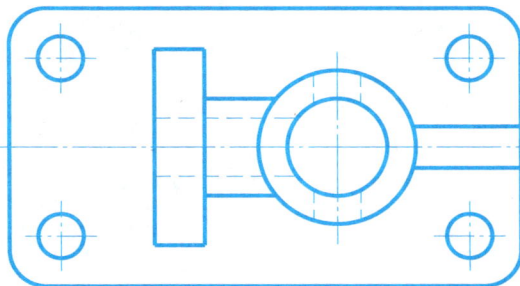

6 机械图

找出轴承套（该零件为回转体的组合）图中的表面粗糙度代号标注方面的错误，在错误的标注上画"×"，并在右图中做正确的标注（包括正确的标注在内）。

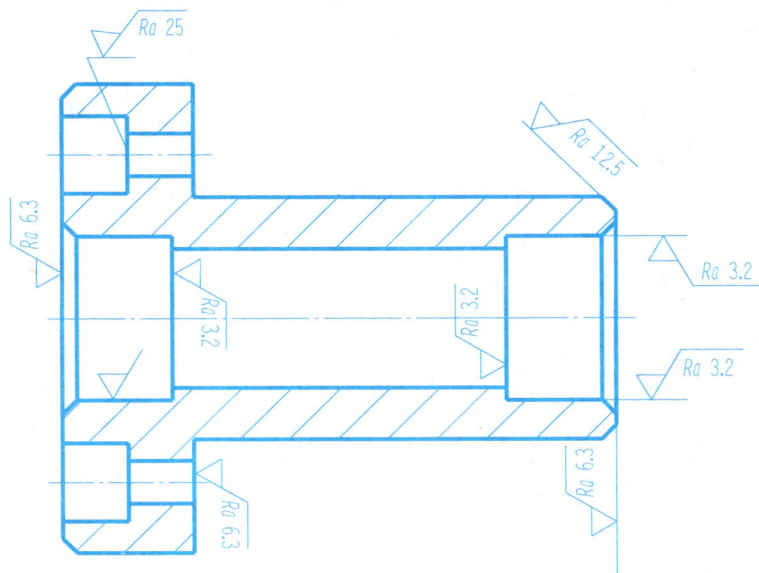

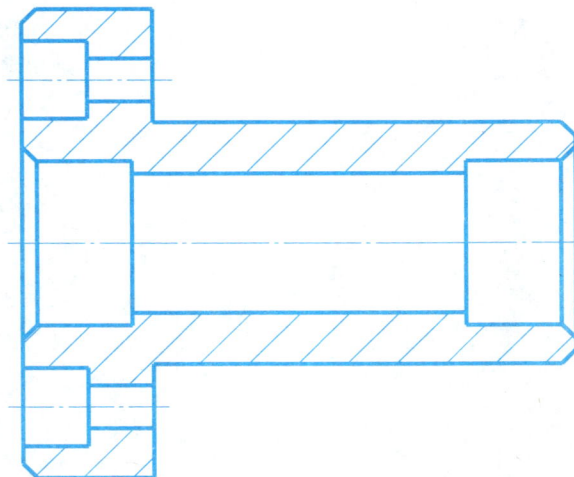

1. 一个轴的基本尺寸为 $\phi30$，下偏差为 $+0.002$mm，上偏差为 $+0.018$mm，画出该轴的公差带图。

2. 一个孔的基本尺寸为 $\phi30$，孔的最大极限尺寸 $\phi30.01$mm，孔的最小极限尺寸 $\phi29.99$mm，画出该孔的公差带图。

3. 已知相配合的孔、轴的基本尺寸为 $\phi35$，孔 H7（上偏差为 $+0.025$mm，下偏差为 0），轴 g6（上偏差为 -0.009mm，下偏差为 -0.025mm），分别在零件图和装配图中标出其基本尺寸和配合代号，并填空。

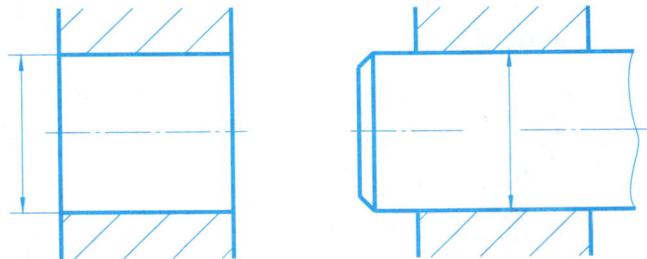

孔的最大极限尺寸是＿＿＿＿＿＿＿＿mm；

孔的最小极限尺寸是＿＿＿＿＿＿＿＿mm；

该配合基准制是＿＿＿＿＿＿＿＿，配合种类是＿＿＿＿＿＿＿＿配合。

根据所给定的装配图，在相应的零件图上分别注出基本尺寸和公差带代号，并说明配合代号的意义。

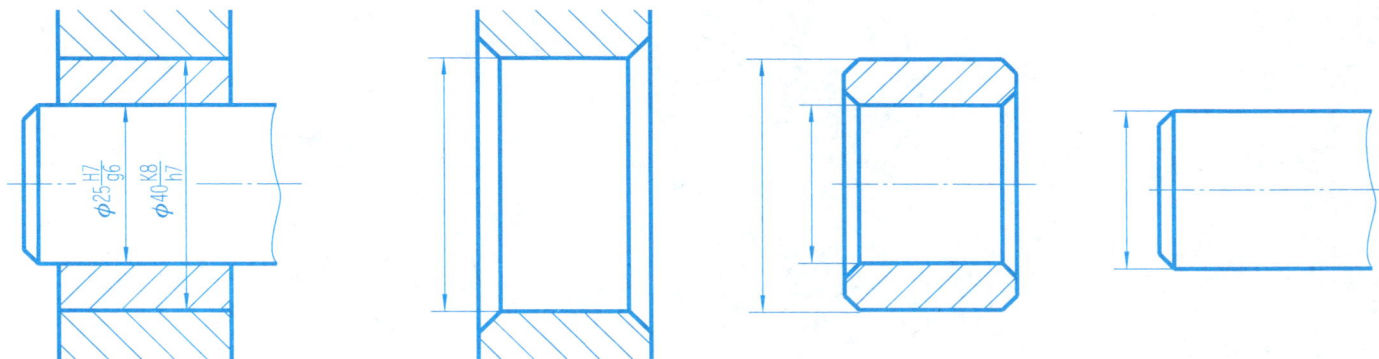

$\phi 25\dfrac{\text{H7}}{\text{g6}}$：基本尺寸是＿＿＿＿＿，该配合的基准制是＿＿＿＿＿；

孔的公差带代号是＿＿＿＿＿，轴的公差带代号是＿＿＿＿＿。

$\phi 40\dfrac{\text{K8}}{\text{h7}}$：基本尺寸是＿＿＿＿＿，该配合的基准制是＿＿＿＿＿；

孔的公差带代号是＿＿＿＿＿，轴的公差带代号是＿＿＿＿＿。

根据所给定的视图，判断其结构是否合理，合理的结构在括号内画"√"，不合理的结构在括号内画"×"。

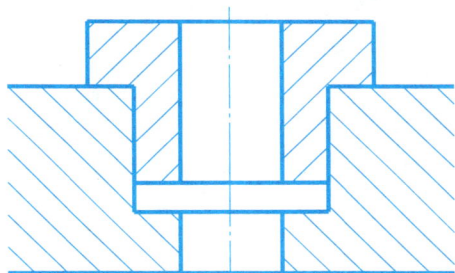

A（　）

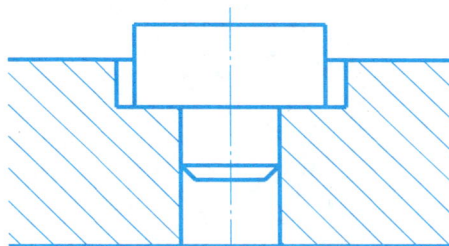

B（　）

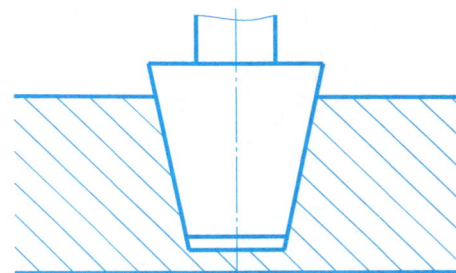

C（　）

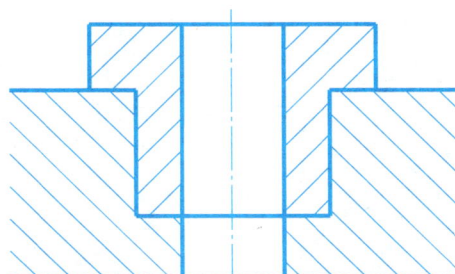

D（　）

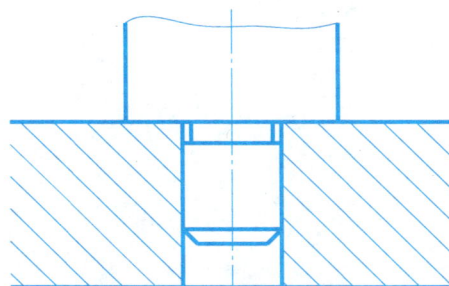

E（　）

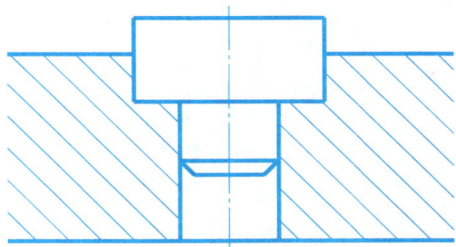

F（　）

7 计算机绘图

1. 绘制线段（不标注尺寸）。

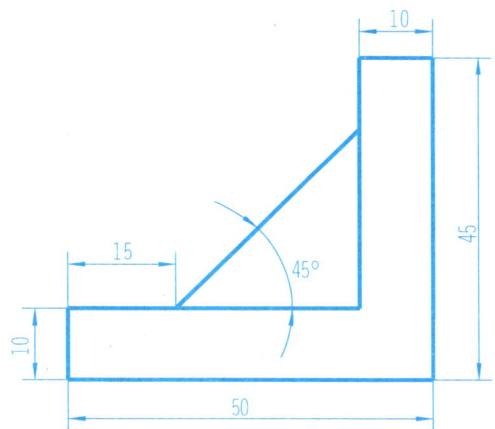

10

45

15

45°

10

50

2. 绘制矩形（不标注尺寸）。

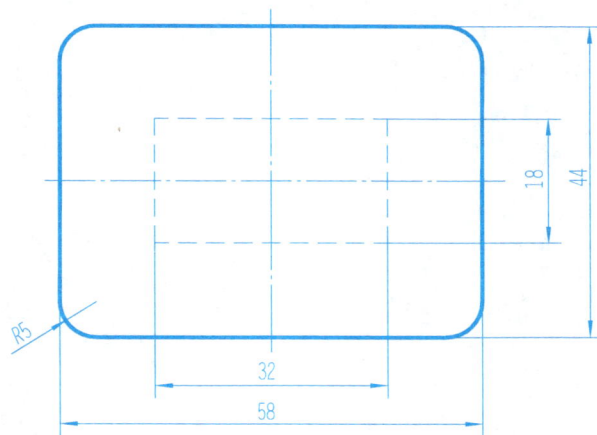

18

44

R5

32

58

3. 绘制圆和正多边形（尺寸自定）。

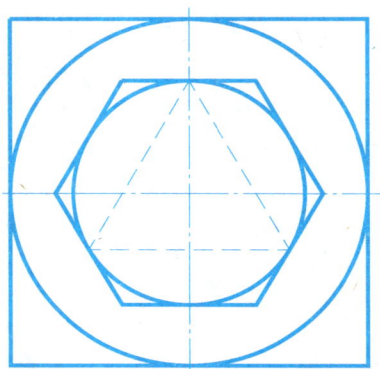

4. 绘制五角星（尺寸自定）。

1. 按1：1绘制平面图形。

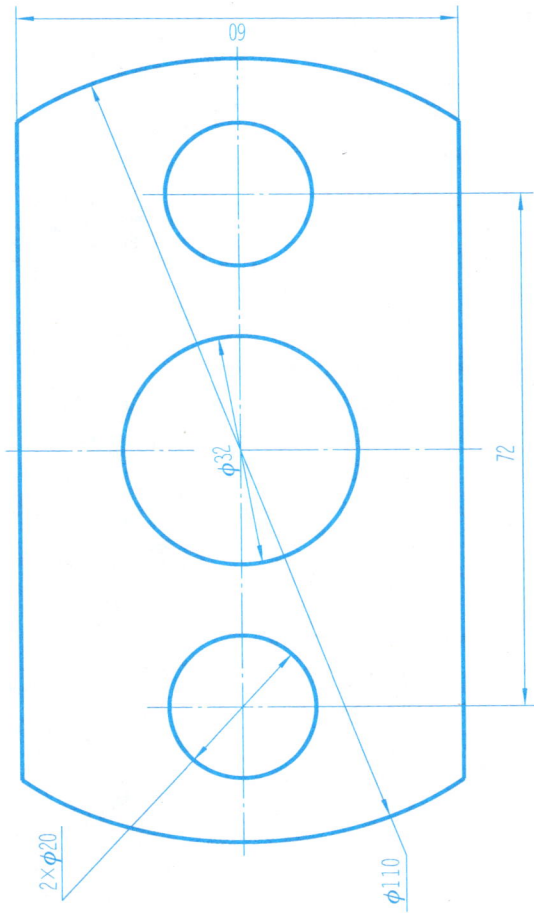

60

2×φ20

φ32

72

φ110

2. 按1：1绘制平面图形。

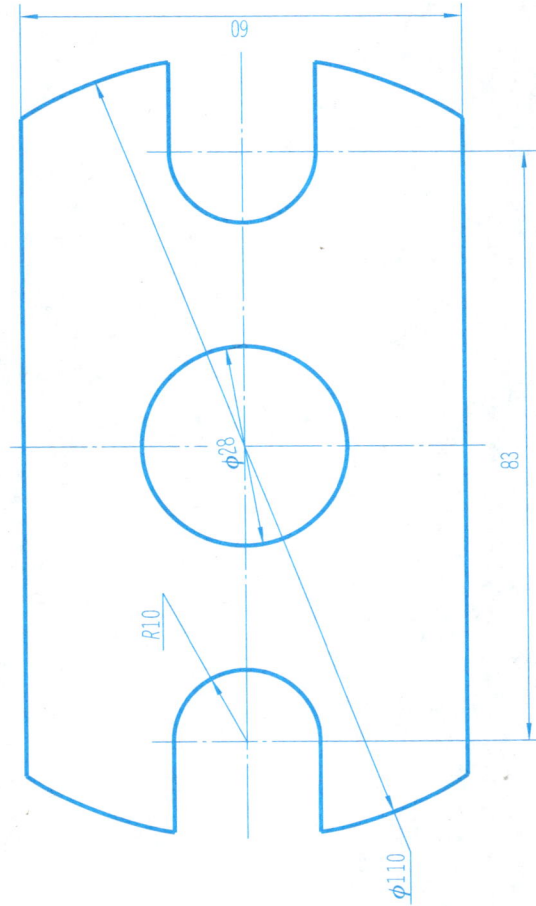

60

φ28

R10

83

φ110

1. 按适当比例绘制平面图形并标注尺寸。

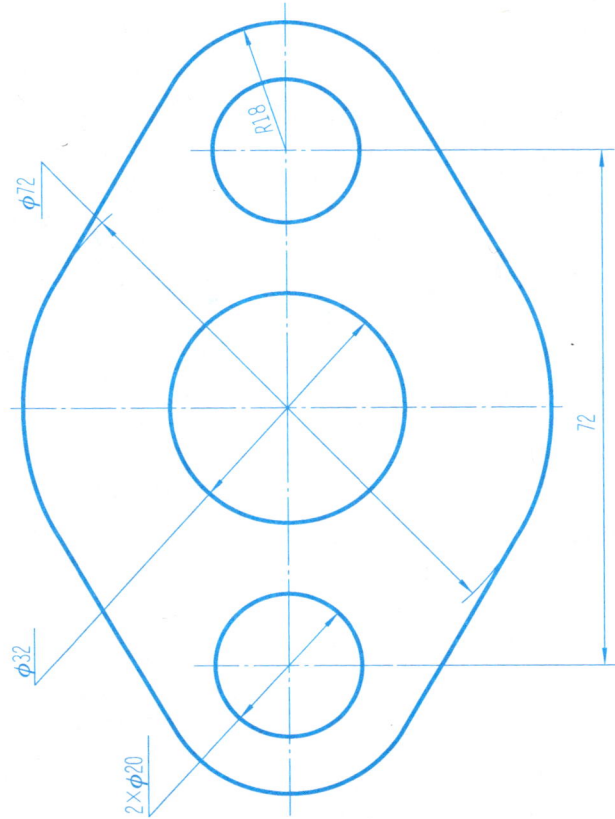

R18

φ72

72

φ32

2×φ20

2. 按适当比例绘制平面图形并标注尺寸。

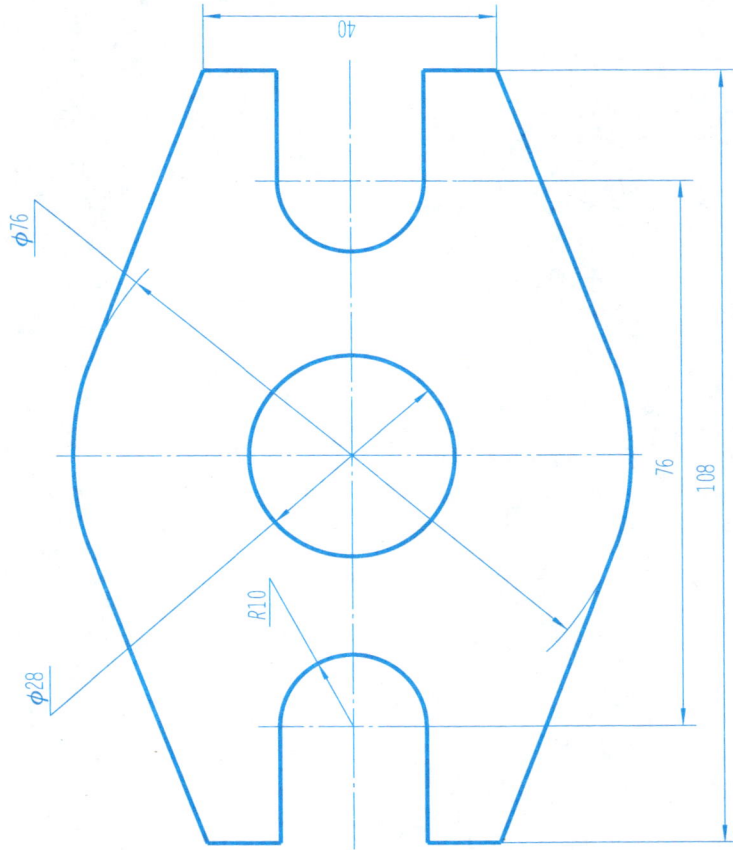

40

φ76

φ28

76

108

R10

φ28

在 A4 图幅中按 1∶1 绘制平面图形并标注尺寸。

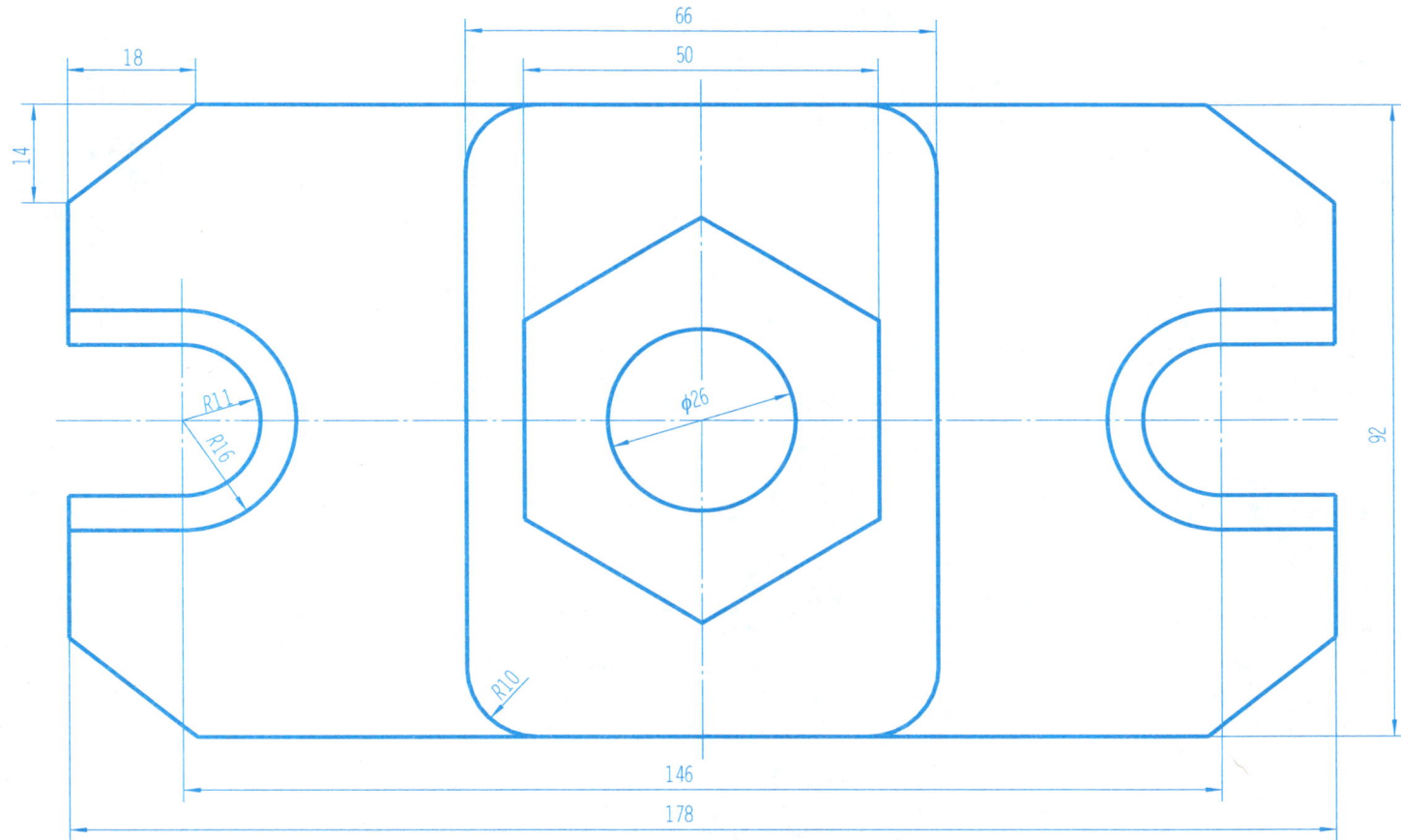

66

50

18

14

R11

R16

φ26

R10

92

146

178

在 A4 图幅中按 1：1 绘制平面图形并标注尺寸。

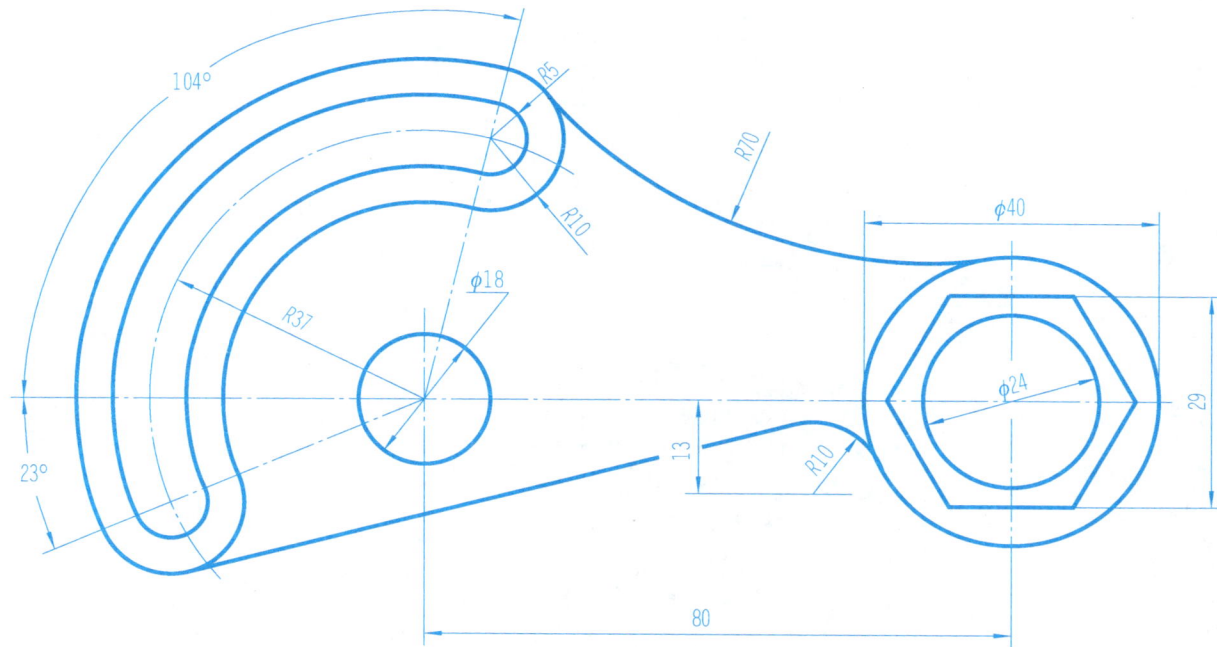

104°

R5

R10

R70

φ40

R37

φ18

φ24

29

23°

13

R10

80

在 A4 图幅按 2：1 绘制物体的视图并标注尺寸。图形名称：物体的视图；图形代号：07.01。

1.

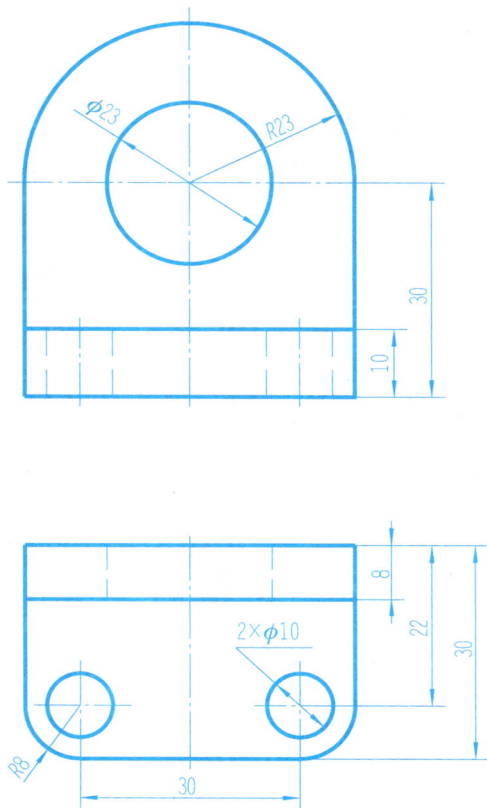

2.

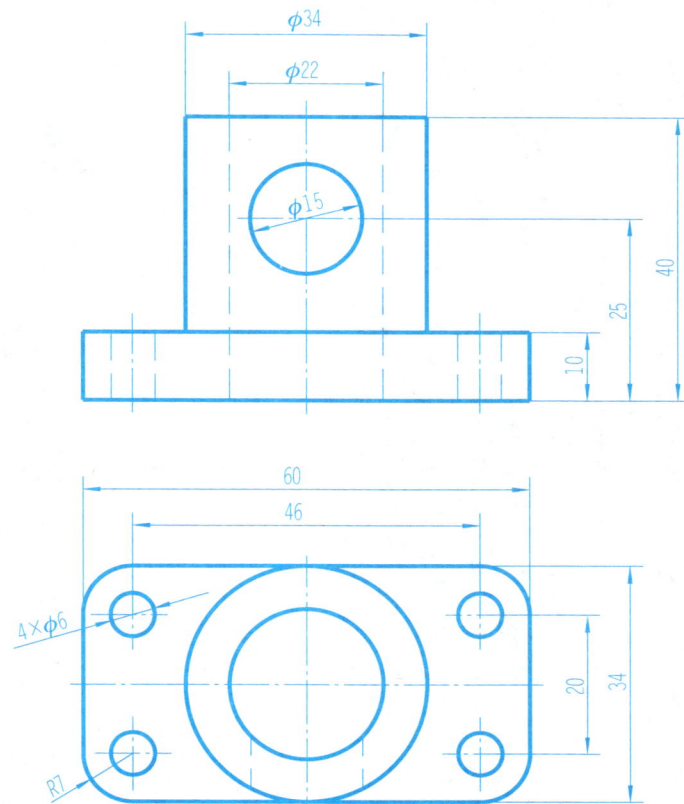

在 A4 图幅按 2：1 绘制物体的视图并标注尺寸。图形名称：物体的视图；图形代号：07.02。

1.

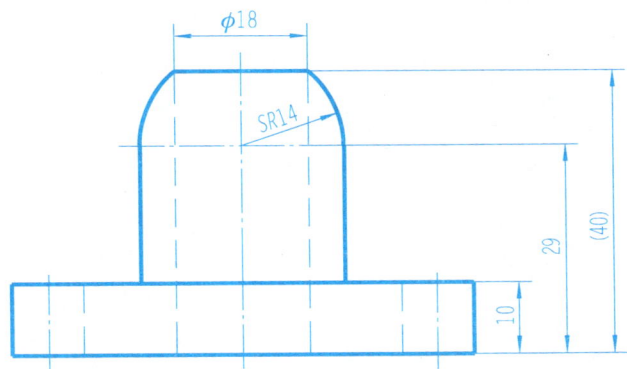

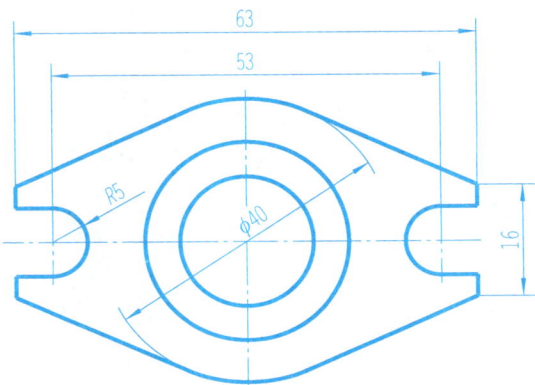

2.

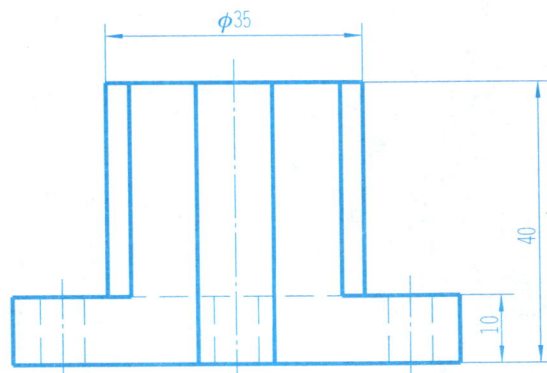

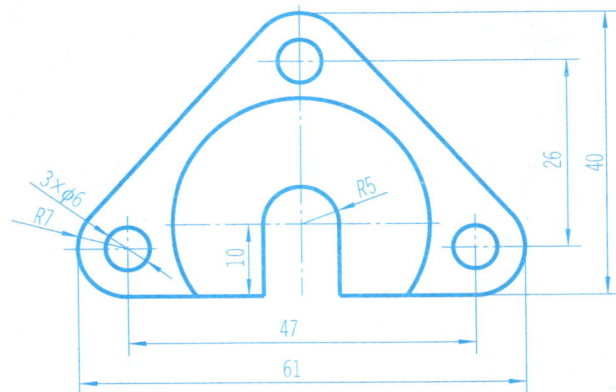

选用适当比例和图幅绘制组合体的三视图并标注尺寸。图形名称：组合体三视图；图形代号：07.03。

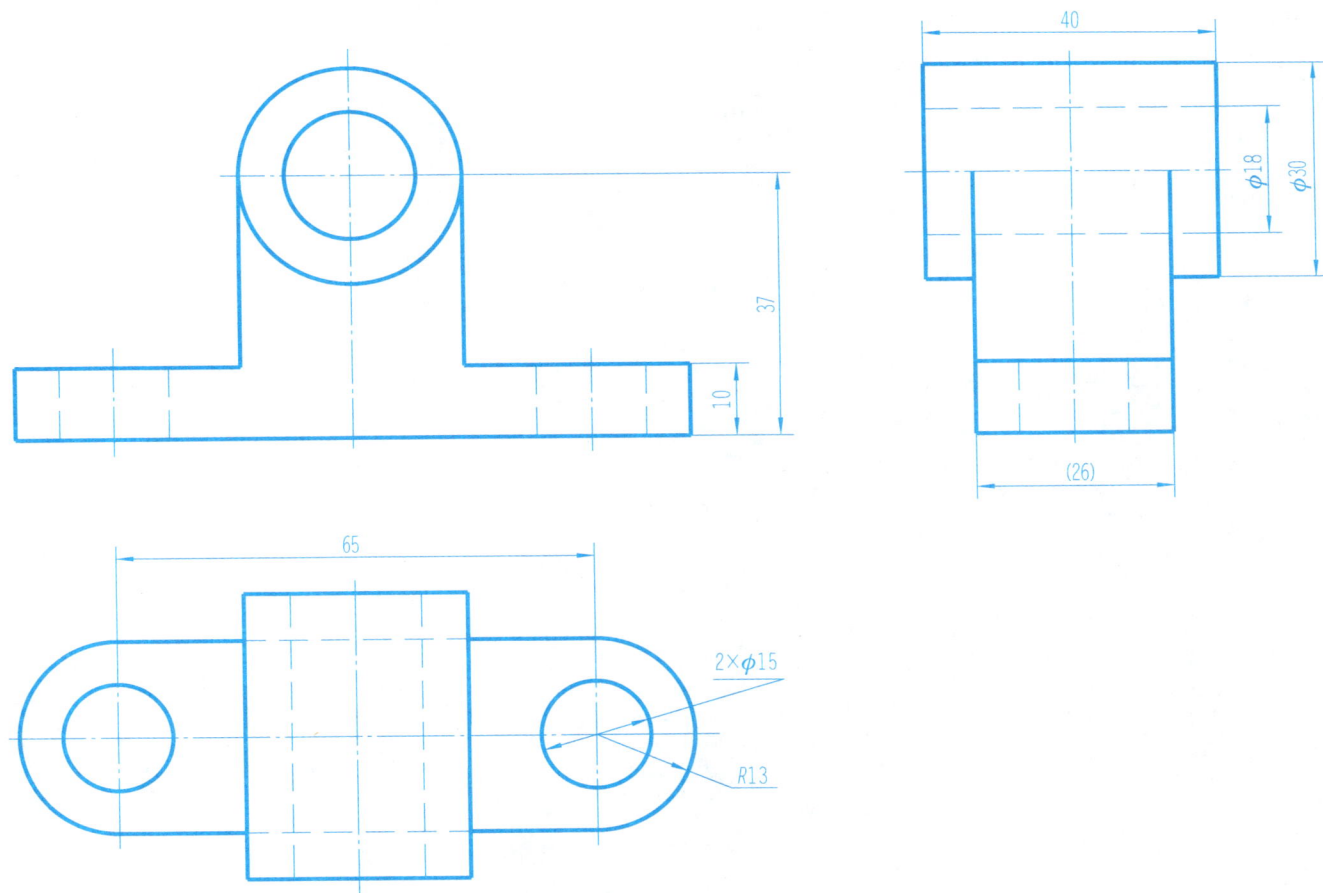

40

$\phi18$　$\phi30$

(26)

37

10

65

2×$\phi15$

R13

选用适当比例和图幅绘制组合体的三视图并标注尺寸。图形名称：组合体三视图；图形代号：07.04。

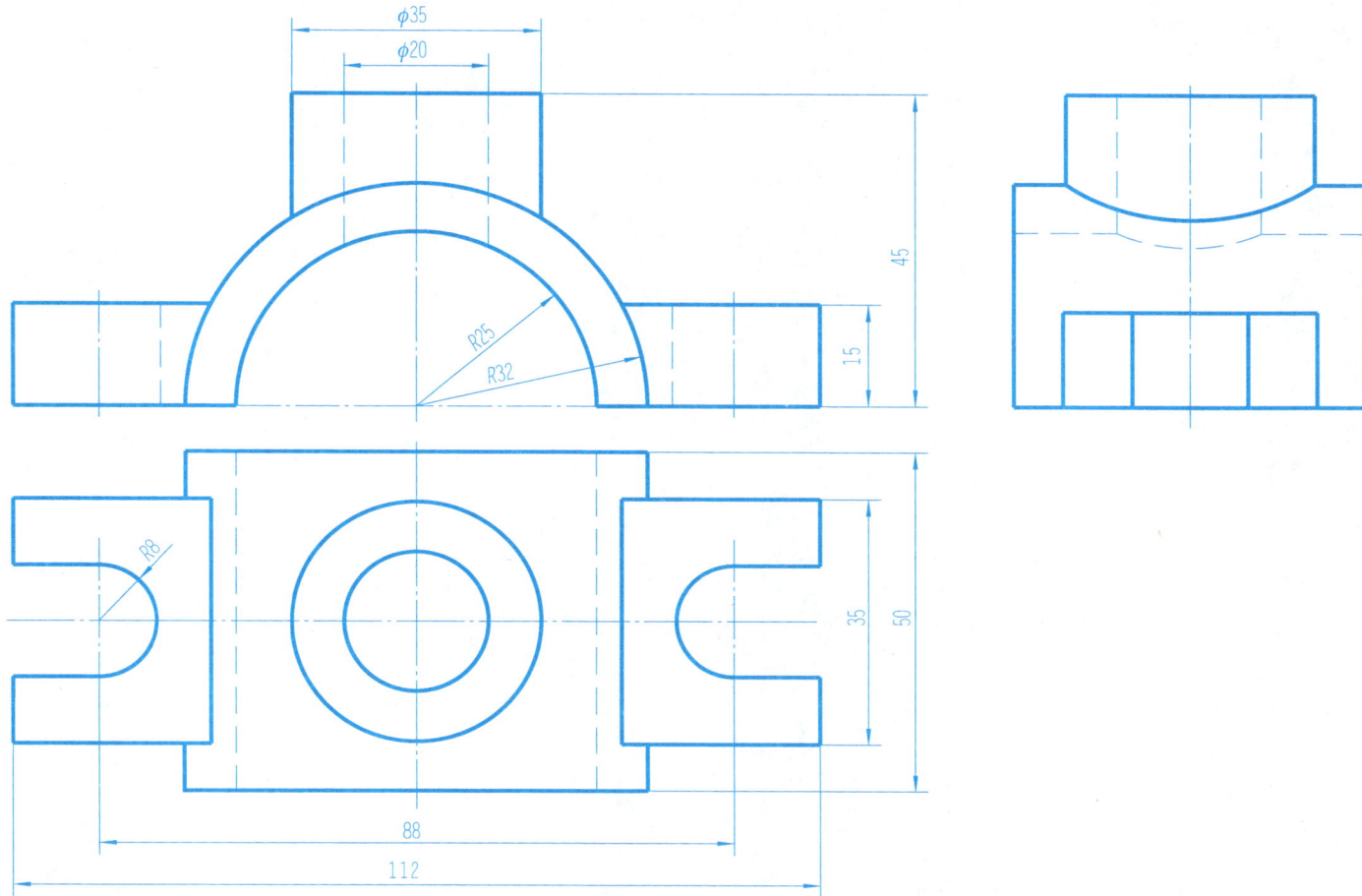

选择适当图幅与比例绘制轴的视图并标注尺寸。图形名称：轴；图形代号：07.05。

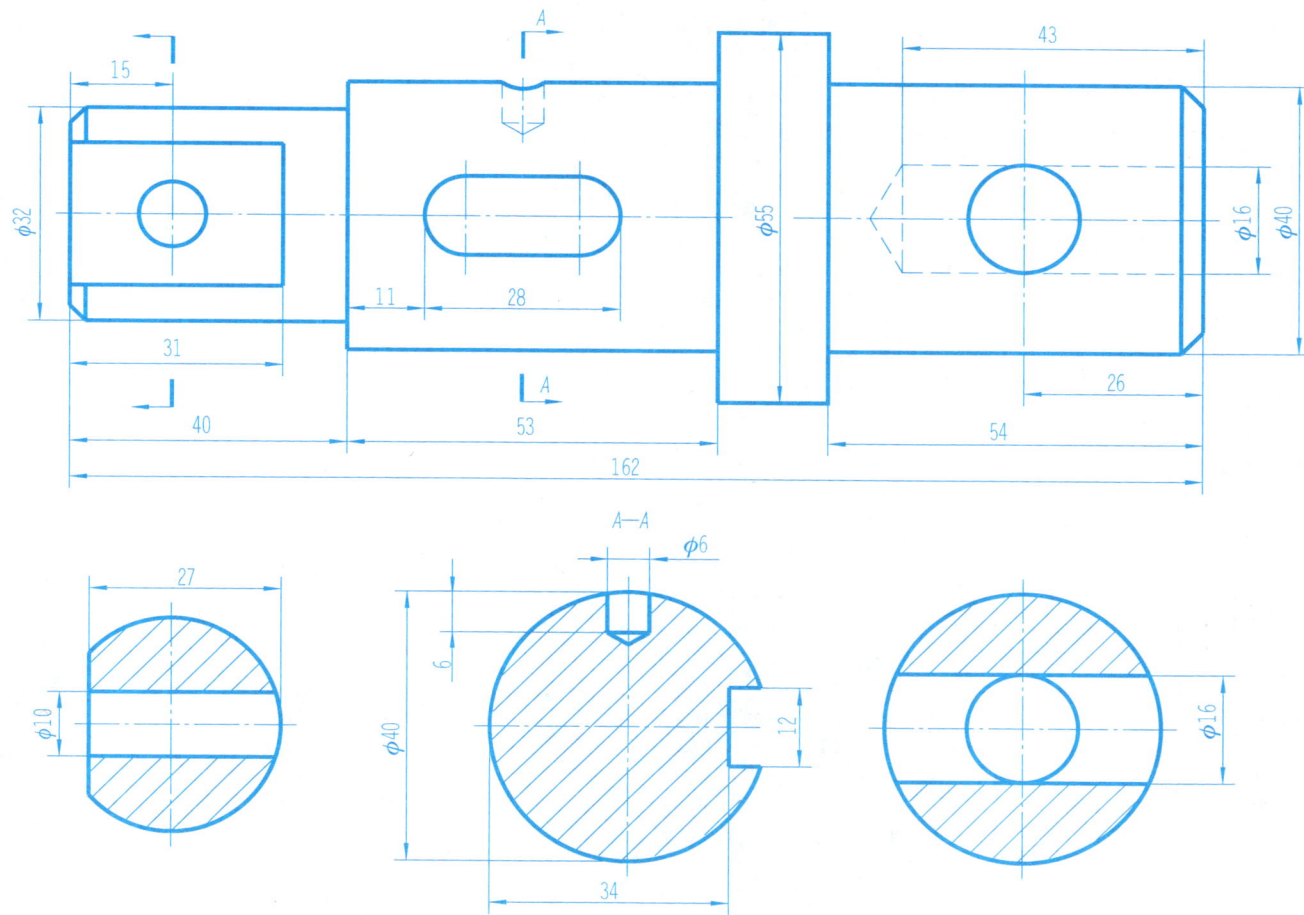

A—A

选择适当图幅与比例绘制物体的剖视图并标注尺寸。

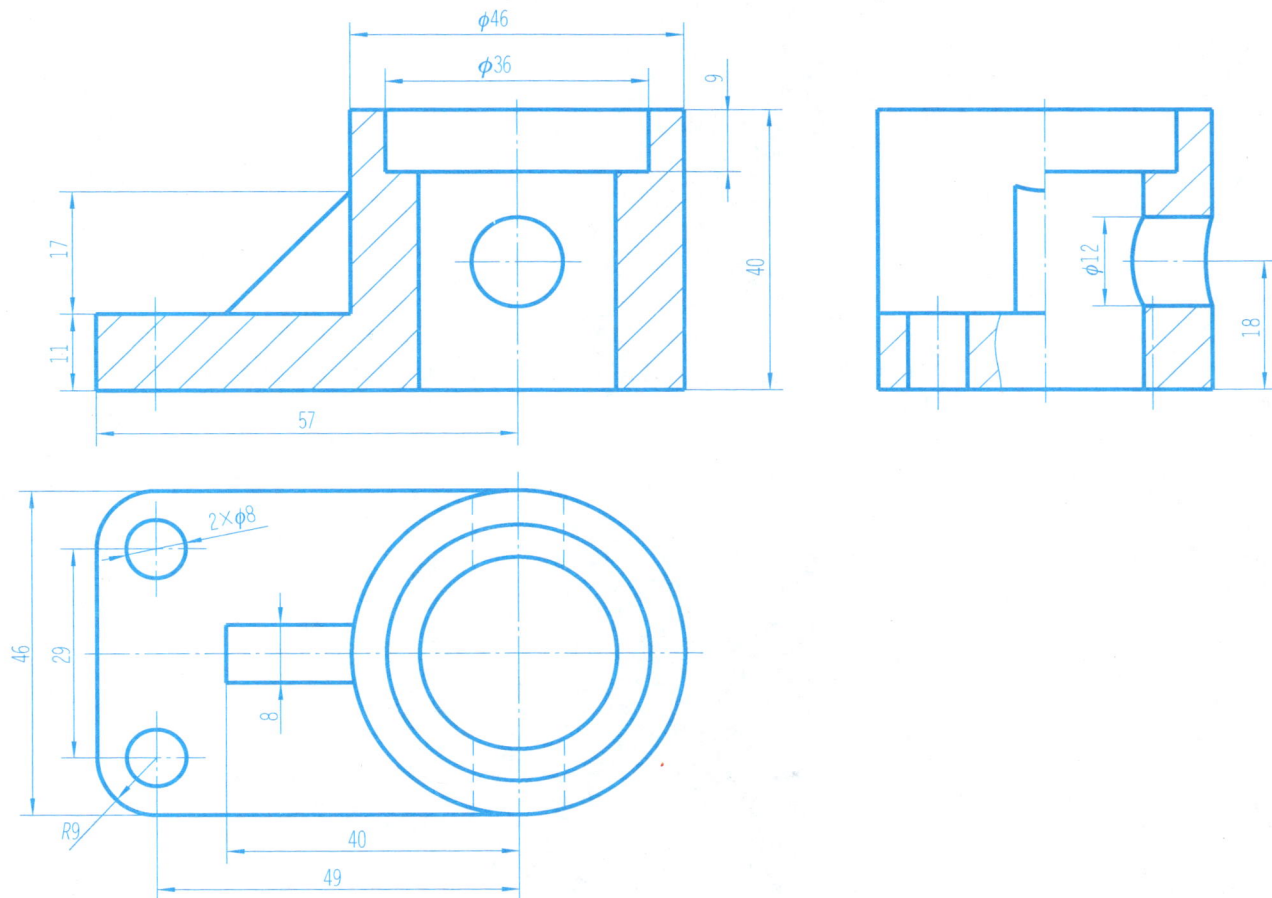